FORMAÇÃO DE PREÇOS
mercado e estrutura de custos

O selo DIALÓGICA da Editora InterSaberes faz referência às publicações que privilegiam uma linguagem na qual o autor dialoga com o leitor por meio de recursos textuais e visuais, o que torna o conteúdo muito mais dinâmico. São livros que criam um ambiente de interação com o leitor – seu universo cultural, social e de elaboração de conhecimentos –, possibilitando um real processo de interlocução para que a comunicação se efetive.

June Alisson Westarb Cruz
Júlio Adriano Ferreira dos Reis
José Ivan de Paula Prohmann
Paulo Sergio Miguel

Formação de preços:
mercado e estrutura de custos

Rua Clara Vendramin, 58 . Mossunguê
CEP 81200-170 . Curitiba . PR . Brasil
Fone: (41) 2106-4170
www.intersaberes.com
editora@editoraintersaberes.com

Conselho editorial	Dr. Ivo José Both (presidente)
	Drª. Elena Godoy
	Dr. Nelson Luís Dias
	Dr. Ulf Gregor Baranow
Editora-chefe	Lindsay Azambuja
Gerente editorial	Ariadne Nunes Wenger
Preparação de originais	Gabriel Plácido Teixeira da Silva
Revisão do texto	Amanda Santos Borges
Capa	Design Igor Bleggi
	Fotografia Thinkstock
Projeto gráfico	Raphael Bernadelli
Diagramação	Fabiana Edições
Iconografia	Danielle Scholtz

1ª edição, 2013.
Foi feito o depósito legal.

Dados Internacionais de Catalogação na Publicação (CIP)
(Câmara Brasileira do Livro, SP, Brasil)

Formação de preços: mercado e estrutura de custos /June Alisson Westarb Cruz. [et al.]. – Curitiba: InterSaberes, 2012. – (Série Gestão Financeira).

Outros autores: Júlio Adriano Ferreira dos Reis, Paulo Sergio Miguel, José Ivan de Paula Prohmann.

Bibliografia.
ISBN 978-85-8212-019-4

1. Contabilidade de custo. 2. Custos – Controle. 3. Preços – Determinação. I. Cruz, June Alisson Westarb. II. Reis, Júlio Adriano Ferreira dos. III. Miguel, Paulo Sergio. IV. Prohmann, José Ivan de Paula. V. Título. VI. Série.

12-07637   CDD-658.1552

Índices para catálogo sistemático:
1. Custos: Gestão: Administração de empresas 658.1552
2. Gestão de custos e formação de preços: Administração de empresas 658.1552

Informamos que é de inteira responsabilidade dos autores a emissão de conceitos.

Nenhuma parte desta publicação poderá ser reproduzida por qualquer meio ou forma sem a prévia autorização da Editora InterSaberes.

A violação dos direitos autorais é crime estabelecido na Lei nº 9.610/1998 e punido pelo art. 184 do Código Penal.

Sumário

Apresentação • 7

Como aproveitar ao máximo este livro • 11

1
Contexto geral de formação de preços • 15

1.1 Entendendo o contexto geral de formação de preços • 17
1.2 Etapas do processo de precificação • 18
1.3 Compreendendo o produto ou o serviço • 19
1.4 Identificação das variáveis de análise • 19
1.5 Análise das variáveis de precificação • 24
1.6 Formação do preço de venda • 25

2
Variáveis econômicas • 29

2.1 Contexto geral das variáveis econômicas • 31
2.2 Caracterização dos mercados • 31
2.3 Relação de oferta e demanda • 33
2.4 Demanda • 34
2.5 Elasticidade na demanda • 34
2.6 Oferta • 35
2.7 Câmbio • 37
2.8 Taxa de juros e políticas de crédito • 39

3

Variáveis de custos • 47

3.1 Contexto geral do custeio direto • 49

3.2 Tipos de gastos: método direto • 50

3.3 Operacionalização das etapas do método de custeio direto • 55

3.4 Aplicabilidade do método de custeio direto na precificação • 64

4

Variáveis mercadológicas • 71

4.1 Contexto geral das variáveis mercadológicas • 73

4.2 Variável cliente • 75

4.3 Variável fornecedor • 79

4.4 Variável concorrência • 81

4.5 Variável organização • 83

4.6 Análise SWOT • 85

4.7 Composto de *marketing* • 86

5

Variáveis societárias e tributárias • 95

5.1 Contexto geral das variáveis societárias e tributárias • 97

5.2 Aplicabilidade das variáveis societárias e tributárias na precificação • 105

Para concluir... • 111

Referências • 113

Respostas • 115

Comentários sobre os estudos de caso • 121

Sobre os autores • 129

Apresentação

Qual é o preço justo a ser pago por um carro popular? Essa questão, como tantas outras acerca do valor dos produtos e serviços, desafia os gestores todos os dias. Nesse sentido, compreender os contextos geral e específico da formação de preço para efetivação de vendas é um dos principais desafios diários das empresas. Tal fenômeno é explicado pela crescente competição em grande parte dos setores, que demanda cada vez mais a busca pela tão sonhada "vantagem competitiva".

Essa vantagem deve estar pautada em princípios de sustentabilidade, haja vista a característica dinâmica e temporal dos mercados, que sugere o entendimento de vantagem competitiva sustentável no longo prazo. Para tanto, é necessário compreendermos o contexto estratégico das empresas e o seu respectivo posicionamento na sociedade, formada por uma crescente relação de concorrentes que buscam atingir seus objetivos por meio de estratégias criativas, emergentes e/ou deliberadas, voltadas ao embate direto ou ao estabelecimento de parcerias e aglomerações.

Entre outros envolvidos no processo de formação de preços, emergem os importantes clientes: consumidores de produtos e serviços que interagem de forma inteligente com seus fornecedores por meio de redes de padronização de qualidade – relacionamentos entre organizações, cujo foco é a padronização da qualidade de seus produtos –, comparação de preços, contratos eventualmente unilaterais, acessibilidade à qualidade e à tecnologia e falta de fidelização à marca.

Outro importante ator nesse processo são as instituições financeiras, que se apresentam como executivos de créditos nas relações de compra e venda, o que muitas vezes determina o alinhamento entre o comprador e o vendedor.

Após a identificação inicial dos principais atores do processo de compra e venda de produtos e serviços (concorrentes, Estado, clientes e entidades financeiras), é possível compreendermos a complexidade e a importância da formação de preços e a infinidade de variáveis a serem entendidas para a justa precificação. Nesse sentido, esse livro mostra-se como uma importante contribuição didática para a compreensão do processo de formação de preços, a identificação de suas variáveis e do modo de análise.

Este livro é para gestores, estudantes e organizações interessados em compreender tanto o contexto geral quanto o específico da formação de preços de venda de produtos e de serviços. Com base no processo de precificação de quatro etapas (compreensão do produto ou serviço; identificação das variáveis de análise; análise das variáveis; e formação do preço de venda), que considera as variáveis financeiras e as mercadológicas – o que possibilita a geração de informações de cunho estratégico para a tomada de decisões de médio e longo prazo –, a obra apresenta uma perspectiva madura acerca das variáveis de análise de precificação, observando o ambiente interno e externo da organização.

Embora o processo de precificação seja apresentado de forma sistemática na maioria das bibliografias, sua aplicabilidade real deve ser interpretada como uma intrigante aventura, pois, em geral, é repleta de incertezas e, em grande parte, depende da *expertise* do tomador de decisão. Vale ressaltar que não propomos uma equação ou modelo que resolva todos os casos possíveis ("receita de bolo"). No entanto, apresentaremos, nos capítulos a seguir, uma disposição prática e madura acerca do sistema complexo de precificação, observando suas principais variáveis (econômica, de custo, mercadológica, societária e tributária). Observe, a seguir, uma breve apresentação de cada um dos capítulos:

No Capítulo 1 – *Contexto geral de formação de preços* –, apresentaremos as quatro principais etapas do processo de precificação (entendimento do produto ou serviço, identificação das variáveis, análise das variáveis e formação de preços de venda), além de uma breve descrição das principais variáveis de análise (econômica, de custo, mercadológica, societária e tributária).

No Capítulo 2 – *Variáveis econômicas* –, demonstramos as principais perspectivas desse grupo de variáveis, além de suas especificidades e suas relações com alguns tipos de produtos e serviços.

No Capítulo 3 – *Variáveis de custos* –, abordamos as principais técnicas e os métodos de custeio aplicados ao processo de precificação, por meio da operacionalização e da análise do método direto, o qual interage com a formação de preços à medida que possibilita identificar os gastos variáveis dos produtos e serviços, suas respectivas margens de contribuição e seus pontos de equilíbrio, além de estabelecer simulações de análise de *mix* ótima, mediante demonstração do resultado do exercício.

No Capítulo 4 – *Variáveis mercadológicas* –, apresentamos os principais fatores impactantes nos preços, oriundos da análise da concorrência, dos clientes, da estrutura, entre outros. Vale lembrarmos que tais variáveis devem ser consideradas de extrema importância no processo de precificação, principalmente para empresas e profissionais cujas variáveis apresentadas nos demais capítulos não possam ser aplicadas ou percebidas. A situação mais comum ocorre em serviços prestados por profissionais autônomos, em produtos industrializados ou comercializados por micro e pequenas empresas, entre outros.

No Capítulo 5 – *Variáveis societárias e tributárias* –, explicamos a importância e a influência do enquadramento tributário da localização geográfica dos atores envolvidos em toda a cadeia de comercialização de bens e serviços em transações comerciais entre empresas, demonstrando cenários de aproveitamento tributário que podem ser plenamente aplicados em empresas enquadradas nos regimes Super Simples, Presumido ou Real.

Por fim, na seção "Para concluir...", procuramos evidenciar alguns dos principais aspectos de precificação, além da maturação necessária à aplicação do processo de formação de preços sugerida pela obra e suas limitações acerca de mercados específicos.

Como aproveitar ao máximo este livro

Este livro traz alguns recursos que visam enriquecer o seu aprendizado, facilitar a compreensão dos conteúdos e tornar a leitura mais dinâmica. São ferramentas projetadas de acordo com a natureza dos temas que vamos examinar. Veja a seguir como esses recursos se encontram distribuídos no decorrer desta obra.

Conteúdos do capítulo:
- Contexto geral de formação de preços;
- Etapas de análise de precificação;
- Variáveis de análise de preços.

Após o estudo deste capítulo, você será capaz de:
- compreender o contexto geral da formação de preço de venda e suas principais variáveis de análise.

Logo na abertura do capítulo, você fica conhecendo os conteúdos que nele serão abordados.

Você também é informado a respeito das competências que irá desenvolver e dos conhecimentos que irá adquirir com o estudo do capítulo.

Esta seção traz ao seu conhecimento situações que vão aproximar os conteúdos estudados de sua prática profissional.

Estudo de caso

O caso da empresa Lorita

A empresa Lorita Ltda., que está no mercado de tintas há 20 anos, possui em seu *mix* os produtos A, B, C, D e E. Devido à tradição e qualidade, atualmente a empresa se encontra numa posição interessante, pois alguns dos seus produtos são líderes de mercado e outros estão em fase de implementação. Observe, a seguir, o contexto geral de cada um dos produtos da empresa:

- **Produto A** – Embora tenha uma boa participação de mercado, trata-se de um produto recém-desenvolvido e que se encontra em fase de implementação.
- **Produto B** – É o "carro chefe" da empr[esa]
  que a organização conseguiu ficar

As questões para revisão possibilitam que você teste seus conhecimentos, bem como fixe os conteúdos analisados em cada capítulo. As questões são diretamente relacionadas com os temas abordados.

Questões para revisão

1. Quais são as principais características da variável mercadológica na precificação de bens e serviços?

2. Quais são as variáveis mercadológicas que podem influenciar na formação de preços dos produtos e serviços de uma empresa?

3. É correto afirmar que todas as empresas recebem as influências de todas as variáveis na mesma intensidade? Justifique sua resposta.

4. Na empresa em que você atua, quais são as principais variáveis que influenciam na formação de preços dos produtos ou serviços? Quais são os componentes dessas variáveis?

5. Qual é a relação existente entre as variáveis mercadológicas influenciadoras na formação de preço e o mercado?

> Nesta seção, o autor responde a dúvidas frequentes relacionadas aos conteúdos do capítulo.

Pergunta e resposta:

Quais os principais "enquadramentos" tributários a serem analisados pelos gestores no Brasil?

Os regimes de tributação do Lucro Real, do Lucro Presumido e do Simples Nacional.

Síntese

Entender as perspectivas de custos na precificação de produtos e serviços é, sem dúvida, uma questão de sobrevivência organizacional. Nesse sentido, o método direto se apresenta como uma interessante ferramenta de gestão. Por meio de uma classificação que facilita a operacionalização no contexto organizacional, as contribuições do método direto emergem, principalmente, da separação dos produtos e serviços da estrutura da empresa, percebendo a efetividade contributiva de cada um dos itens do *mix* da organização. Além disso, esse método possibilita a realização de uma análise criteriosa da viabilidade financeira dos produtos e serviços do *mix* ofertado, bem como de suas possibilidades de negociação e de flexibilidade de preço. Tal análise pode ser melhor compreendida e relacionada por meio da utilização do ponto de equilíbrio, que surge como uma ferramenta auxiliar de entendimento do período em que a empresa apresentaria seu momento de resultado nulo, que pode ser de extrema valia nos estudos de fluxos e necessidades de caixa e no ajuste de preços de acordo com a quantidade comercializada.

> Você dispõe, ao final do capítulo, de uma síntese que traz os principais conceitos nele abordados.

> Você pode consultar as obras indicadas nesta seção para aprofundar sua aprendizagem.

Para saber mais

Os profissionais, os pesquisadores e os estudantes que desejam saber mais sobre o contexto geral do custeio direto podem consultar as seguintes obras:

CRUZ, J. A. W. **Gestão de custos**: perspectivas e funcionalidades. Curitiba: Ibpex, 2011. (Série Gestão Financeira).

SOUZA, A.; CLEMENTE, A. **Gestão de custos**: aplicações operacionais e estratégicas. São Paulo: Atlas, 2007.

SOUZA, A.; CRUZ, J. A. W. Classificando custos fixos e variáveis por meio de métodos estatísticos. **Revista Mineira de Contabilidade**, v. 34, p. 22-30, 2009.

Contexto geral de formação de preços

1

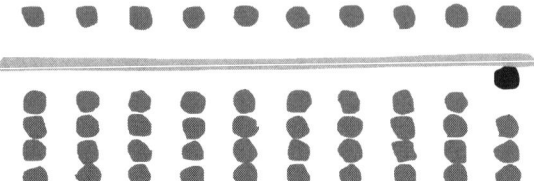

Conteúdos do capítulo:

- Contexto geral de formação de preços;
- Etapas de análise de precificação;
- Variáveis de análise de preços.

Após o estudo deste capítulo, você será capaz de:

- compreender o contexto geral da formação de preço de venda e suas principais variáveis de análise.

1.1 Entendendo o contexto geral de formação de preços

Para iniciarmos o entendimento de como formar preços de venda, é necessário primeiramente compreendermos o que significa "preços" e quais são as suas principais variáveis de análise. Sendo assim, a primeira questão a ser esclarecida é:

> **Pergunta e resposta:**
>
> **O que é um preço de venda?**
>
> Trata-se da quantia em moeda que deve ser entregue em troca de um produto ou serviço.

Nesse sentido, compreender a complexidade envolvida na formação de preços de bens e serviços é um intrigante desafio dos gestores empresariais desde os tempos dos mascates. A questão principal se apresenta no equilíbrio das variáveis do preço de venda, que possibilita à empresa vender um bem ou prestar um serviço por um valor justo para todos os envolvidos no processo de compra e venda.

Vale observarmos que não existe, e nem seria prudente sugerir, uma única "receita de bolo" para precificar bens e serviços, haja vista a complexidade ambiental de cada mercado. No entanto, mesmo considerando as especificidades de determinado mercado, podemos estabelecer um processo de análise geral da formação de preços. Tal procedimento tem o objetivo de orientar o gestor a compreender o contexto geral de precificação dos seus produtos e serviços, de modo que suas vendas sejam efetivadas a contento. A seguir, observaremos as etapas do processo de precificação e suas especificidades e contribuições.

1.2 Etapas do processo de precificação

Entre as etapas de precificação, devemos conhecer, inicialmente, as especificações técnicas, financeiras e comerciais envolvidas, possibilitando a identificação das variáveis acerca do bem ou serviço a ser precificado. Após o pleno entendimento dessas variáveis, fazemos uma análise destas e estabelecemos o preço a ser ofertado aos possíveis clientes. Embora haja a necessidade de observarmos as especificidades de cada mercado para sugerirmos um modelo de precificação, as etapas apresentadas no fluxo inicial de precificação podem ser plenamente operacionalizadas na maioria dos setores comerciais, industriais e de serviços. Observe na Figura 1.1 o fluxo inicial de análise da formação de preços:

Figura 1.1 – Fluxo inicial de precificação

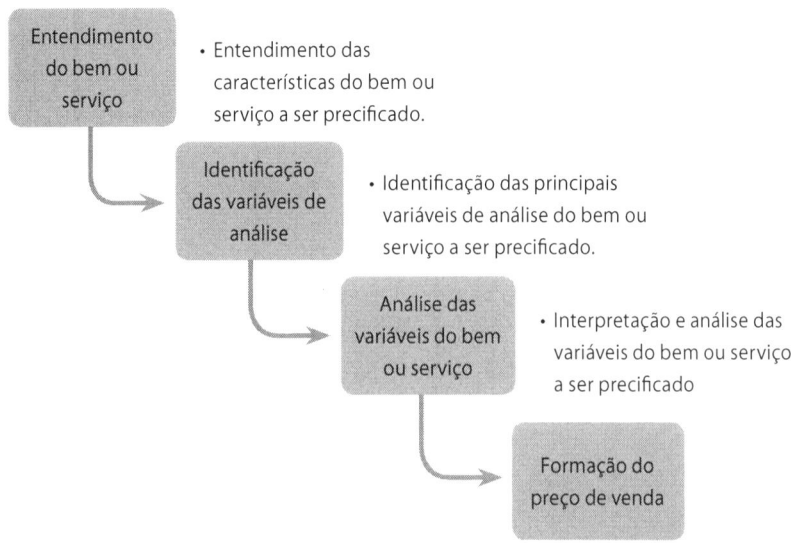

Conforme apresentado na Figura 1.1, o processo de formação do preço de venda é apresentando em quatro etapas distintas. A seguir, veremos o contexto geral de cada uma dessas etapas.

1.3 Compreendendo o produto ou o serviço

A primeira etapa corresponde ao processo de entendimento e compreensão das principais características do produto ou serviço a ser precificado. Nesse sentido, algumas características gerais devem ser mapeadas. Observe algumas características gerais que podem ser aplicadas à grande parte dos produtos e serviços:

- Ramo.
- Segmento.
- Características técnicas.
- Durabilidade efetiva e tempo de garantia.
- Público-alvo a que o bem ou o serviço pretende ou atinge.
- Tempo de execução média (em caso de serviços).
- Especificidades jurídicas do bem ou serviço.
- Funcionalidade geral do produto ou serviço.
- Necessidade atendida.
- Relação de oferta e demanda, entre outras características.

O mapeamento das principais características do produto ou serviço possibilita identificarmos os principais pontos fortes e fracos, a fim de gerar informações para a operacionalização da segunda etapa, que corresponde à identificação das variáveis de análise, cujo objetivo é apresentado no próximo tópico.

1.4 Identificação das variáveis de análise

A segunda etapa do processo de formação de preço sugere que o gestor compreenda as principais características do produto ou serviço (conforme apresentado na primeira etapa), pois a correta identificação das variáveis de precificação é uma das principais etapas de sucesso ou insucesso do processo de formação de preço. Em geral, as variáveis aplicadas aos produtos e aos serviços são mais fáceis de serem identificadas quando se apresentam diretamente relacionadas às características destes. Veja o exemplo da identificação de variáveis de precificação de um refrigerador na Figura 1.2.

Figura 1.2 – Identificação de variáveis de precificação

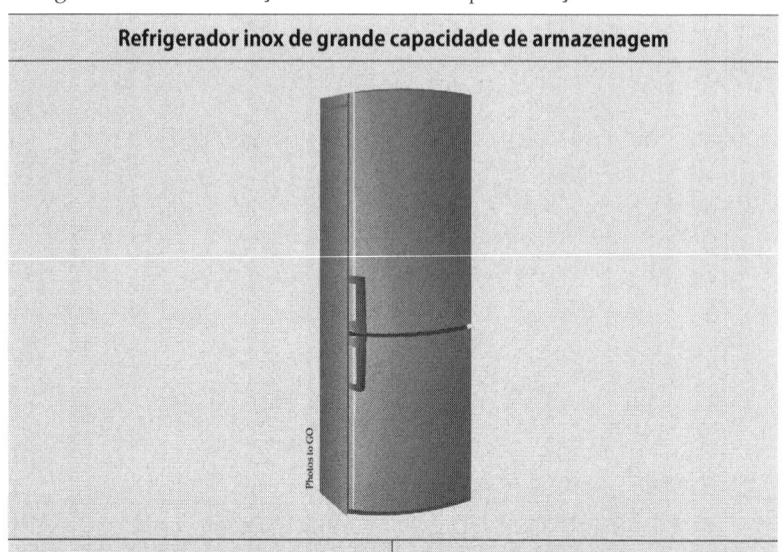

Refrigerador inox de grande capacidade de armazenagem	
Características	**Variáveis**
Ramo: indústria.	Estrutura fixa de grande porte.
Segmento: eletrodomésticos.	Alta concorrência.
Durabilidade.	Sistema de garantia.
Produto vendido no varejo.	Distribuição.
Diversidade de fornecedores.	Estrutura tributária.
Dependência de crédito para consumo no varejo.	Crédito para pessoa física.
Consumidor final: famílias (em geral).	Capacidade e funcionalidade.
Distribuição nacional.	Gasto de distribuição.
Composta de insumos nacionais.	Aproveitamento de ICMS, IPI, entre outros.
Composta de insumos importados.	Câmbio.

Conforme observado na Figura 1.2, a correta observação e identificação das características do produto ou serviço possibilita a identificação prévia das variáveis a serem analisadas por item no *mix* da empresa.

Nesse sentido, para efetivar a relação do produto ou serviço com suas respectivas variáveis, sugerimos a utilização de uma matriz que possibilite relacionar as variáveis e seus respectivos impactos com o produto ou serviço a ser precificado.

A matriz deve ser estruturada de modo que as variáveis fiquem dispostas na coluna, e o *mix* de produtos ou serviços na linha, conforme demonstrado no Quadro 1.1.

Quadro 1.1 – Matriz de relação entre variáveis e produtos ou serviços

Variável/Produto ou serviço→	Produto A	Produto B	Produto C
VE – Câmbio	X		
VE – Oferta versus demanda	X	X	X
VC – Custo variável	X	X	X
VC – Margem de contribuição	X	X	X
VM – Concorrência	X	X	
VM – Capacidade de pagamento	X	X	X
VST – Regime tributário	X		X
VST – Imposto de importação	X		

Entre as principais variáveis aplicadas à grande maioria dos bens ou serviços, destacam-se as apresentadas na Figura 1.3.

Figura 1.3 – Variáveis de análise e de formação de preços

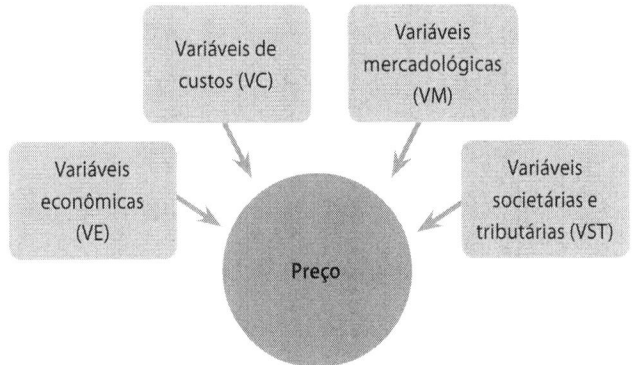

Explicaremos, a seguir, o contexto geral de cada uma dessas variáveis.

- **Variáveis econômicas (VE)** – Trata-se do conjunto de características relacionadas às perspectivas econômicas e financeiras dos produtos ou serviços cujo processo de formação de preço está em andamento. Algumas das principais variáveis econômicas relacionadas aos bens e serviços a serem precificados são:
    » Relação de oferta e demanda.
    » Câmbio.
    » Políticas de crédito.
    » Nível de atividade da economia.
    » Nível de emprego e renda.
    » Taxas de juros de financiamentos e empréstimos.

  Vale ressaltarmos que o impacto das variáveis econômicas nos preços deve ser analisado de modo customizado, haja vista as particularidades de cada mercado, observando-se a conjuntura temporal e todas as suas especificidades.

- **Variáveis de custos (VC)** – É o conjunto de variáveis relacionadas à análise e à gestão dos gastos, que se refere aos esforços operacionais e à gestão voltada à produção de bens e serviços que possam ser comercializados em seus mercados específicos. Embora existam vários métodos de mensuração de custos (custeio por absorção, direto, por atividade, entre outros), cada um deles apresenta uma funcionalidade principal. Apresentamos, a seguir, o contexto geral e as funcionalidades de cada um desses métodos.

> **Custeio por absorção:** Trata-se do método legalmente aceito no Brasil para fins fiscais e de regulação. O método de custeio por absorção é um procedimento de apuração dos custos por meio da alocação direta (custos diretos) ou indireta (custos indiretos) dos custos aos produtos ou serviços, sendo os gastos administrativos (despesas) separados dos custos. Entre suas principais funcionalidades, encontram-se a possibilidade de mensurar o custo unitário de cada produto ou serviço e identificar o custo de cada departamento da empresa (centros de custos).

Custeio por atividade ou custeio ABC (*activity based costing*): A crescente complexidade das organizações em seus processos operacionais tem aumentado consideravelmente o montante percentual dos custos indiretos com relação aos custos diretos, elevando consideravelmente a complexidade das atividades e do mapeamento destas. Nesse método, os custos indiretos são consumidos pelas atividades e não pelo produto; este é considerado uma consequência das atividades da empresa para produzi-lo. O método de custeio por atividade é uma variante do método do custeio por absorção. No entanto, nesse método os custos são alocados aos produtos por meio do mapeamento de suas atividades, e suas funcionalidades se assemelham às funcionalidades apresentadas pelo método por absorção.

Custeio direto: Consiste no método de custeio que separa os custos fixos dos custos variáveis, alocando aos produtos e aos serviços somente estes últimos custos, pois considera que os custos fixos (gerais ou específicos) são derivados da estrutura da empresa e não dos produtos ou serviços. Pelo custeio direto, os custos e as despesas têm o mesmo tratamento, ou seja, também são separados em *fixos* e *variáveis*. Como principal funcionalidade, esse método contribui na identificação da contribuição (margem de contribuição = receita – custos variáveis – despesas variáveis) de cada unidade de produto ou serviço, sendo considerado um dos principais métodos de apoio para formação de preços.

Fonte: Adaptado de Cruz, 2011b, p. 22-23.

Conforme podemos observar, o método mais indicado para a utilização da função de formação de preços de venda para a maioria dos bens e serviços é o **método de custeio direto** e, por esse motivo, as variáveis de custos da formação de preço de vendas apresentam-se relacionadas a esse método.

- **Variáveis mercadológicas (VM)** – É o conjunto de variáveis relacionadas às perspectivas mercadológicas dos bens ou serviços, como análise da concorrência, clientes, fornecedores, entre outras. Tais variáveis se apresentam como uma das principais perspectivas a serem observadas na formação do preço de venda, pois se encontram no ambiente externo à empresa cujos produtos ou serviços devem ser precificados (Martins et al., 2010).

- **Variáveis societárias e tributárias (VST)** – É o conjunto de variáveis relacionadas ao posicionamento societário e tributário das empresas envolvidas no processo de fornecimento, intermediação e compra.

Figura 1.4 – Atores envolvidos no processo de comercialização

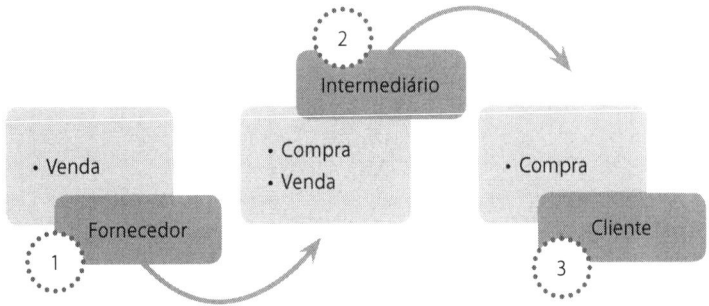

Entre as análises necessárias a essa variável, devemos observar o enquadramento tributário e societário das empresas envolvidas no processo. Esse enquadramento pode variar nos regimes Super Simples, Lucro Presumido e Lucro Real. O alinhamento entre esses enquadramentos possibilita uma análise criteriosa dos créditos e dos débitos tributários gerados nas transações de compra e venda de bens e serviços entre empresas.

1.5 Análise das variáveis de precificação

Após o entendimento do bem ou serviço e a identificação das variáveis a serem analisadas, a terceira etapa do processo de precificação sugere um método de análise e estabelecimento dos preços a serem praticados. Para efetivar tal análise, é necessário observarmos a matriz de identificação de variáveis (demonstrada na etapa anterior) e estabelecermos uma relação de impacto em cada relacionamento entre produto ou serviço com a respectiva variável. Para isso, é necessário, primeiramente, compreendermos que cada produto ou serviço deve ser analisado isoladamente numa primeira etapa para, depois, analisarmos todo o *mix* da empresa, pois, eventualmente, um produto ou serviço pode ser desvantajoso individualmente, porém sua comercialização conjunta pode oferecer vantagem econômica e mercadológica à transação. Sendo assim, é necessário observarmos as variáveis sobre duas dimensões distintas:

1. Dimensão do produto ou serviço (individual).
2. Dimensão do *mix* de produtos ou serviços (coletiva).

Independentemente dessas dimensões, a análise de caráter qualitativo e quantitativo pode ser realizada por meio da matriz de identificação, possibilitando-nos a percepção do impacto de cada uma das variáveis em cada um dos produtos e em seus indicadores de controle, conforme demonstrado no Quadro 1.2.

Quadro 1.2 – Mensuração quantitativa e qualitativa do impacto das variáveis no produto ou serviço

Variável / Produto	Produto ou serviço
VE – Câmbio	Variação cambial.
VE – Oferta versus demanda	Quantidade ofertada e necessidade do mercado.
VC – Custo variável	Estrutura de custos e despesas variáveis.
VC – Margem de contribuição	Percentual de margem.
VM – Concorrência	Perfil e estratégia da concorrência.
VM – Capacidade de pagamento	Perfil e comportamento do consumidor.
VST – Regime tributário	Estrutura tributária dos fornecedores e dos clientes.
VST – Imposto de importação	Variação da taxa e da base de cálculo.

1.6 Formação do preço de venda

Finalmente, chegamos à última etapa da formação do preço de venda. Embora essa pareça ser a mais importante das etapas do processo de formação de preços, ela nada mais é do que a consequência da boa operacionalização das três etapas anteriores (entendimento do bem ou serviço; identificação das variáveis de análise; e análise das variáveis). Na Figura 1.5, representamos as etapas do processo de formação de preços.

Figura 1.5 – Etapas do processo de formação de preços

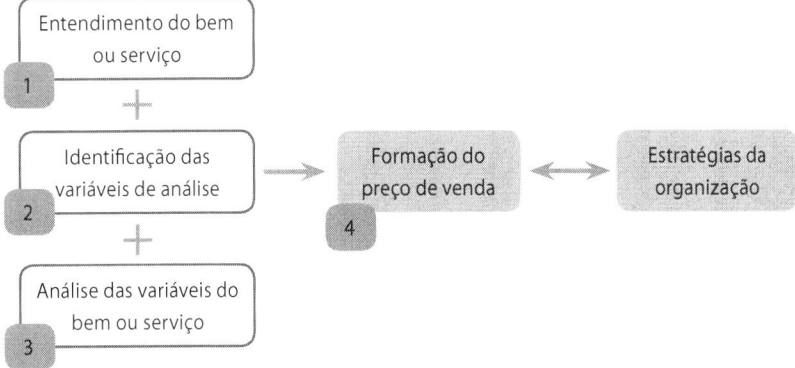

Além da boa interpretação e da análise das etapas, é necessário lembrarmos que o **preço deve estar alinhado com as estratégias da empresa**, observando as estruturas de *marketing*, operacional, de pessoas, de tecnologia, financeira, entre outras. Sendo assim, o preço de venda deve ser fruto do bom entendimento entre o ambiente interno e o externo da organização vendedora, considerando todas as suas variáveis.

Síntese

O desafio de formar preços se torna cada dia mais complexo à medida que as barreiras concorrenciais diminuem e os mercados nacionais interagem com maior facilidade. Nesse sentido, a compreensão e a identificação do preço justo, que possibilitam gerar vantagem econômica e expansão de mercado, tornam-se fruto da operacionalização de um processo de formação de preços, cujos princípios e etapas foram brevemente descritos. Ademais, ao observarmos com cuidado cada uma das etapas, percebemos que duas merecem especial atenção: a **identificação** e a **análise** das inúmeras variáveis aplicadas a cada tipo de produto ou serviço. Entre essas variáveis, destacam-se as variáveis econômicas (VE), de custos (VC), mercadológicas (VM) e societárias e tributárias (VST). Vale lembrarmos que, além da vantagem econômica e da expansão do mercado, essas variáveis e, consequentemente, o preço de venda devem preceder de um processo estratégico contínuo, observando o posicionamento da organização diante do seu mercado.

Questões para revisão

1. Quais são as principais variáveis de análise e de formação de preços de venda?

2. Além do bom entendimento das características do produto ou serviço, da identificação e da análise das variáveis, qual aspecto deve ser considerado no processo de formação de preços?

3. Relacione a coluna das variáveis com a dos conceitos e, em seguida, assinale a alternativa que apresenta a sequência correta:

I. Variáveis econômicas ( ) Capacidade de pagamento do cliente.
II. Variáveis de custos ( ) Câmbio.
III Variáveis mercadológicas ( ) Crédito de ICMS.
IV. Variáveis societárias e tributárias ( ) Margem de contribuição.

a) III, I, IV, II.
b) I, III, IV, II.
c) II, IV, III, I.
d) III, II, I, IV.

4. Qual dos métodos de custeio a seguir é o mais adequado para a análise e a formação de preços?

a) Método de custeio por absorção.
b) Método de custeio direto.
c) Método de custeio por atividade ou ABC.
d) Método de custeio indireto.

5. Qual das variáveis apresentadas a seguir corresponde ao grupo de variáveis mercadológicas?

a) Estrutura de custos variáveis.
b) Taxas de imposto de importação.
c) Enquadramento tributário.
d) Análise da concorrência.

6. Qual das variáveis apresentadas a seguir corresponde ao grupo de variáveis econômicas?

a) Margem de contribuição.
b) Ponto de equilíbrio.
c) Enquadramento tributário.
d) Relação de oferta e demanda.

7. Qual das variáveis apresentadas a seguir corresponde ao grupo de variáveis de custos?

a) Taxas de imposto de exportação.

b) Crédito tributário de IPI.

c) Capacidade de pagamento do cliente.

d) Margem de contribuição.

Para saber mais

Os profissionais, os pesquisadores e os estudantes que desejarem saber mais sobre as abordagens gerais da formação do preço de venda, podem consultar as seguintes obras:

Cruz, J. A. W. **Gestão de custos**: perspectivas e funcionalidades. Curitiba: Ibpex, 2011. (Série Gestão Financeira).

Leão, N. S. **Formação de preços de produtos e serviços**. São Paulo: Nobel, 2008.

Variáveis econômicas 2

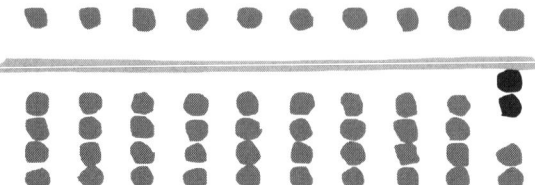

Conteúdos do capítulo:

- Compreensão do contexto geral das variáveis econômicas;
- Caracterização dos mercados;
- Oferta *versus* demanda;
- Taxa de câmbio;
- Taxa de juros e política e formas de crédito.

Após o estudo deste capítulo, você será capaz de:

- analisar a relação entre oferta e demanda;
- reconhecer os elementos que caracterizam as diferentes formas de mercado;
- analisar as variações no câmbio e a influência em setores exportadores e importadores;
- identificar a relação entre a taxa de juros e a disponibilidade de crédito no mercado.

2.1 Contexto geral das variáveis econômicas

Na interação do comprador e do vendedor no mercado, tem-se que o primeiro, além da satisfação, busca também garantir a continuidade e o crescimento da sua condição de oferta de determinado produto. O segundo faz uma relação da necessidade de satisfação com o preço a ser pago para isso. Essa interação não é isolada, já que faz parte de um contexto econômico que é composto por aspectos como renda e sua perspectiva de variação, preço de produtos substitutos, preferências dos compradores, política governamental, sazonalidade, inovação tecnológica, entre outros.

Desse modo, a **definição do preço é questão central na adequada inserção e manutenção da empresa**, que deve possuir condições competitivas no mercado. O ponto de partida está na compreensão de como o preço afeta o mercado e, principalmente, como os compradores avaliam o preço em função da possível satisfação gerada pelo respectivo produto.

2.2 Caracterização dos mercados

Para entendermos o mercado, devemos compreender os seus condicionantes básicos: quantidade de empresas no mercado, a diferenciação dos produtos e a intensidade das barreiras de entrada de novos competidores. Com base nesses condicionantes, é possível visualizarmos, na Figura 2.1, as formas gerais de estrutura de mercado: concorrência perfeita, monopólio, concorrência imperfeita e oligopólio.

Figura 2.1 – Estruturas de mercado

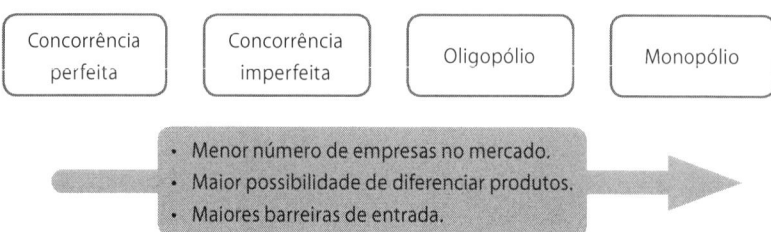

Na **concorrência perfeita**, temos como pressuposto que o mercado opera de forma livre, sem restrições para entrada ou saída de competidores. Nesse tipo de concorrência, o número de vendedores e compradores é muito grande, o que impossibilita que um deles possa, individualmente, influenciar de modo significativo o preço de mercado. Além disso, os produtos oferecidos pelas empresas concorrentes não apresentam diferenças de características e qualidade, e os agentes que interagem no mercado têm acesso às informações importantes, de modo que possam maximizar o lucro por parte do vendedor e maximizar a satisfação por parte do comprador.

Nessa situação, o lucro é reflexo da oportunidade de investimento, pois é ele que faz com que a empresa permaneça atuando no mercado. Caso ocorra uma elevação do lucro acima da média normal de mercado, haverá um aumento na atratividade e a consequente atração de novas empresas, o que acabará reduzindo o lucro médio do mercado.

Na **concorrência imperfeita**, diversas empresas ofertam produtos com certa diferenciação e, também, com substitutos próximos. Nesse caso, em função dessa diferenciação, as organizações têm poder suficiente para determinar os preços dos produtos. Ao mesmo tempo, devido a essa mesma variedade de produtos (diferenciados e substitutos), o consumidor possui mais opção de escolha. A perspectiva para a empresa é de lucros normais, pois, caso haja um aumento expressivo nos lucros, e devido ao fato de não existirem barreiras à entrada, haverá a atração de novos competidores e, por consequência, uma redução nos lucros no médio e no longo prazo.

No **oligopólio**, existem poucas empresas que dominam o mercado e que têm o poder de determinar o preço do produto, sendo que os compradores não possuem força para reduzir esse preço. As barreiras à entrada de novos competidores são muito altas e motivadas por aspectos semelhantes ao monopólio, sendo que essas barreiras também geram uma perspectiva de lucros expressivos no longo prazo.

Já no **monopólio** tem-se uma única empresa a ofertar determinado produto e não existem substitutos próximos, além de existirem barreiras de entrada de novos competidores. O monopólio ocorre quando uma empresa tem, por exemplo, acesso exclusivo a determinadas matérias-primas ou canais de distribuição ou quando tem uma patente, o que lhe garante a exclusividade no fornecimento de determinado produto. Como dificilmente surgirá um concorrente que possa competir com a empresa detentora da patente, esta acaba por obter lucros significativos no longo prazo.

2.3 Relação entre oferta e demanda

A relação entre oferta e demanda com a formação do preço no mercado denota a diferença entre a economia e a contabilidade na abordagem dessa questão. Na **economia**, além dos custos para a produção, são considerados, também, os custos das oportunidades deixadas de lado quando se faz uma escolha. Esses custos são denominados de *custos econômicos*.

Na visão econômica, há o predomínio da ideia de que o objetivo principal da empresa é a maximização do lucro. Para isso, existe a busca do equilíbrio entre a função **oferta** e a função **demanda**. Conforme Rossetti (2003), a função **demanda** relaciona o quanto os consumidores desejam comprar de um produto a um determinado preço, em um momento específico. Já a função **oferta** relaciona o quanto a empresa quer vender a determinado preço, também em um momento específico. No entanto, na maioria das vezes, os gestores não definem realmente os objetivos de maximização do lucro, mas, sim, garantem a continuidade da empresa no longo prazo.

Assim, para realmente estabelecer o preço de mercado, os gestores precisam ter profundo conhecimento dos seus custos, do contexto econômico e da atuação dos competidores e dos consumidores.

2.4 Demanda

Para se tomar uma decisão de precificação, é importante compreendermos o mercado em que a organização está inserida. Um dos aspectos fundamentais é entendermos como é a demanda ou a procura de um produto, ou seja, conhecermos a quantidade de um produto (bem ou serviço) que os consumidores desejam adquirir em um determinado período de tempo. Esse desejo não é o mesmo que um simples sonho de consumo, mas o quanto o consumidor pretende consumir em função de sua renda e dos preços praticados no mercado. Além disso, outros aspectos que fazem parte do contexto que envolve as empresas também influenciam a demanda: o tamanho do mercado consumidor, as ações mercadológicas das empresas, o preço de produtos complementares e substitutos, os hábitos e as preferências do consumidor etc.

A quantidade demandada de um produto tem uma relação inversamente proporcional ao seu preço, em que essa quantidade é dependente do preço estabelecido. Isso é reflexo de dois aspectos importantes: a **possibilidade de substituição** e a **variação na renda**.

No caso da substituição, quando ocorre a elevação do preço e o produto tem um substituto próximo, o consumidor tende a comprar o produto substituto e a evitar a compra do produto inicialmente considerado, como a troca da carne por ovo (devido à necessidade de proteína e de o ovo ser mais barato) ou a troca do automóvel pela motocicleta (como forma de economizar com o gasto de combustível). Essa substituição ocorre, nesse caso, em função de um produto complementar.

Quando ocorre a elevação do preço de um produto e a renda nominal do consumidor permanece a mesma, há, na variação na renda, uma redução da renda real do consumidor, o que também pode provocar uma redução no consumo.

2.5 Elasticidade na demanda

A relação entre quantidade demandada de um produto e a variação de seu preço é chamada de *elasticidade*. Compreender essa relação pode auxiliar o gestor na determinação mais adequada do preço de um produto. Devido à discussão sobre a intensidade dessa relação, surgiram os conceitos de *demanda elástica* e *demanda inelástica*.

A **demanda elástica** é representada quando a variação da quantidade demandada de um produto é maior que a variação de seu preço, o que denota a grande sensibilidade dos consumidores em relação à variação no preço. Por exemplo: um produto com preço inicial de R$ 100,00 e volume médio de vendas de 200 unidades/dia passa a ser vendido a R$ 90,00 e acaba tendo um volume de vendas de 250 unidades/dia. Nesse caso, para uma redução de 10% no preço da mercadoria, ocorre um aumento de 25% na demanda do produto.

A **demanda inelástica** é constituída quando a variação da quantidade demandada de um produto é menor que a variação de seu preço, demonstrando que o consumidor é pouco sensível à variação no preço. Por exemplo: determinado produto com preço de R$ 100,00 e um volume de vendas de 200 unidades/dia passa a ser precificado em R$ 90,00 e gera, então, um volume de vendas de 206 unidades/dia. Nesse caso, para uma redução de 10%, ocorre um aumento de 3% na demanda.

Nas situações de demanda discutidas anteriormente, é importante considerarmos quais aspectos podem influenciar para que a demanda seja elástica ou inelástica. Alguns desses aspectos são: a existência de produtos substitutos, por gerar alternativas ao consumidor em caso de pequenas mudanças no preço; a representatividade do gasto com o produto na renda disponível do consumidor, porque tende a deixar este mais atento a variações no preço desse produto; e a importância deste para o consumidor, pois quanto mais importante for o produto, mais inelástica será a demanda.

2.6 Oferta

A oferta é outro aspecto importante a ser compreendido quando da decisão de precificação. Entende-se como **oferta** a quantidade de produtos oferecidos ao mercado em determinado período de tempo, considerando também a existência de diversos condicionantes: o preço praticado (quando ocorre a elevação no preço de um produto no mercado, há o aumento do interesse das empresas em produzir para tentar vender mais); o custo dos fatores de produção (quando os custos para produzir determinado produto aumentam, há uma pressão para se aumentar o preço deste, que pode gerar uma redução na oferta); a tecnologia empregada (uma inovação tecnológica pode melhorar a produtividade da empresa);

e as opções e as decisões dos gestores (os gestores fazem escolhas com base na interpretação do que está acontecendo no mercado).

A determinação do nível de oferta é proveniente da existência de uma demanda respectiva, a qual, em função de sua variação, vai refletir também na variação da oferta. No entanto, como há uma busca por maior espaço no mercado, muitas empresas acabam ampliando um pouco a sua produção, o que pode, em geral, levar a um excedente na produção (Rossetti, 2003). Nessa situação, as empresas são pressionadas a não deixar os estoques aumentarem. A saída é, então, reduzir os preços de venda, mesmo sem conseguir diminuir seus custos, o que acaba, também, tornando menores os lucros. Desse modo, compete aos gestores acompanharem de perto o comportamento da demanda, para só então poderem decidir o nível da oferta.

Considerando a formação do preço de um produto, não podemos apenas focar no custo de produção; é preciso inserir no processo informações sobre a demanda e o estoque existente, tendo em mente que o equilíbrio com o mercado não é imediato. As empresas com estoques altos procuram reduzi-los com base numa redução no preço de venda.

Nesse sentido, uma decisão que vai ter impacto direto na formação de preço é a quantidade que será produzida. Essa decisão está relacionada à perspectiva de lucro por parte dos gestores de uma organização e, por consequência, à perspectiva de lucro dos gestores de outras organizações do mesmo setor. **Quanto maior a perspectiva de lucro, maior será o direcionamento de capital para essa atividade**, o que aumenta a produção e a capacidade de produzir em um prazo mais longo. No Gráfico 2.1, é possível vermos o equilíbrio entre oferta *versus* demanda.

Gráfico 2.1 – Equilíbrio entre oferta *versus* demanda

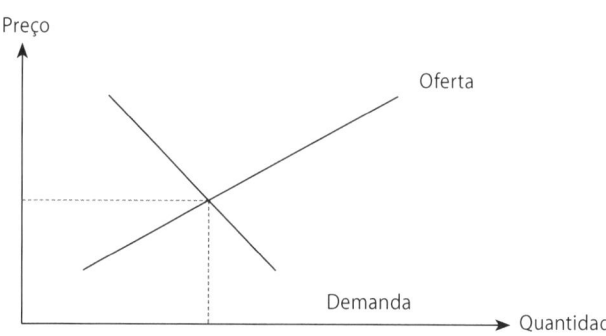

É por meio das decisões de produção e do respectivo preço que as empresas buscam um equilíbrio entre a oferta e a demanda (Mendes, 2004). Isso, porém, não ocorre imediatamente, pois as empresas não conseguem se mover tão rapidamente quanto às alterações da demanda. É importante ressaltarmos que, quando falamos em oferta e demanda, não estamos fazendo referência ao estoque de produto, mas, sim, ao fluxo de produto na interação de ambas (oferta e demanda).

Outro aspecto importante que devemos considerar na relação entre a oferta e a demanda é o papel do governo, que pode influenciar diretamente nos custos das empresas por meio de legislação, tributação e definição da taxa de juros, além de estabelecer preços mínimos e máximos e outras ações.

2.7 Câmbio

Câmbio é a troca que ocorre entre a moeda de um país pela moeda de outro. A taxa de câmbio, por sua vez, é o preço da moeda de um país quando é realizada a troca pela moeda de outro. Por exemplo: se pretendo comprar US$ 20,00 verifico a taxa de câmbio do dia: cada US$ 1,00 está R$ 1,63. Então, para comprar US$ 20,00, vou precisar de R$ 32,60.

Quando se fala que ocorreu uma valorização do Real, significa que precisamos de menos reais para comprar uma mesma quantidade de Dólar. No exemplo anterior, caso ocorra uma valorização do Real e a relação passe de R$ 1,55 para cada US$ 1,00, seria necessário apenas R$ 31,00 para comprar os mesmos US$ 20,00.

Considerando o impacto da variação cambial na economia, conforme argumenta Mendes (2004), temos que a **valorização cambial deixa as importações mais baratas**. Como exemplificado anteriormente, são necessários menos reais para adquirirmos os dólares para a compra de produtos de outros países. Dessa forma, a demanda por produtos importados aumenta, pois esses produtos ficam mais baratos quando comprados em reais, porém as exportações ficam mais caras. Os preços dos produtos nacionais ficam mais caros em Dólar caso os produtores consigam repassar ao preço final essa variação. Nessa situação, os importadores desembolsarão mais dólares para adquirir produtos brasileiros, o que tornará menos competitiva internacionalmente a nossa indústria. Assim, **a valorização do Real perante o Dólar beneficia as atividades ligadas à importação e desestimula as atividades ligadas à exportação.**

Quando a variação cambial ocorre de forma um tanto aleatória e a níveis muito altos, há um nível maior de incerteza para a tomada de decisão nas empresas que têm o câmbio como elemento influenciador de suas operações. O ideal é que haja uma estabilidade e uma previsibilidade maiores. Como forma de se precaver para possíveis variações e poder manter preços de venda adequados ao nível desejado de operações, algumas empresas que foram privatizadas conseguiram inserir nos contratos de privatização a correção das tarifas com base no IGP-M (Índice Geral de Preços do Mercado), o qual é composto por 60% dos preços no atacado, sendo que esses preços têm influência do câmbio. Assim, há um repasse dessa porcentagem para as tarifas das variações cambiais.

Os setores que ofertam produtos que podem ser exportados ou importados e os que oferecem produtos que dependem de insumos e/ou componentes externos sofrem influência direta do câmbio e recebem um impacto significativo da variação cambial nas margens de lucro. Por exemplo: numa empresa em que as exportações têm grande participação no seu faturamento, quando ocorre a valorização cambial há a redução imediata dos preços de venda e, consequentemente, da margem de lucro. Isso pode levar a uma redução do investimento e ao comprometimento do desenvolvimento tecnológico e produtivo da empresa. Já para as empresas que não exportam, mas se utilizam de insumos ou componentes importados, a valorização do câmbio pode levar a um aumento do investimento, visto que há a diminuição dos preços desses insumos/componentes importados sem a redução dos preços de venda.

Tendo também a renda como elemento determinante da relação de oferta e demanda, faz-se necessário discutir o impacto do câmbio nos salários. Quando ocorre uma valorização cambial, há um aumento dos salários em comparação com o seu valor em Dólar. Isso porque os insumos e os produtos intermediários que são importados ficam mais baratos, o que auxilia a deixar a inflação mais baixa e, consequentemente, mantém o poder de compra.

2.8 Taxa de juros e políticas de crédito

O governo tem de se preocupar com o crescimento econômico do país, porém esse crescimento deve ser sustentável, sem gerar inconvenientes econômicos à sociedade, como a inflação. Entre os diversos instrumentos que o governo tem para esse fim, um deles é a política monetária, que nada mais é do que o controle sobre a quantidade de dinheiro em circulação e o acesso a esse dinheiro pelos agentes que participam ativamente da economia, como as empresas e os consumidores.

Cabe ao Banco Central do Brasil (Bacen) a operacionalização da política monetária, que pode ser feita por meio do controle da taxa de juros e da quantidade de dinheiro colocada em circulação. Desse modo, quando há interesse do governo em estimular o crescimento econômico, existe um aporte de mais dinheiro na economia e, com base nisso, a redução da taxa de juros, que facilita o acesso ao crédito. No entanto, quando a inflação começa a dar sinais de avanço, o governo busca reduzir o volume de dinheiro em circulação, o que leva ao aumento da taxa de juros e à redução do crédito.

Quando o governo percebe a necessidade de alavancar algum setor da economia, ele pode utilizar-se de uma política de crédito fomentadora, a qual contempla a destinação de recursos para o respectivo setor, com juros reduzidos e prazos mais longos do que os praticados no mercado e mais flexíveis em termos de exigências liberatórias.

Com relação ao papel dos juros na economia, tem-se que a elevação da taxa de juros reduz o investimento e, também, o consumo de produtos que exigem aporte maior de recursos, como imóveis, automóveis, eletrodomésticos, entre outros produtos chamados de *bens duráveis*. Essa situação ocorre porque essa elevação acaba pesando ainda mais na renda do consumidor, sendo que na formação de preço esses aspectos precisam ser levados em conta, pois influenciam bastante na formação de preço ao consumidor.

É importante destacarmos que não são especificamente as alterações nas taxas de juros, no curto prazo, que terão maior impacto na decisão de uma empresa em suspender algum investimento planejado ou na do consumidor em adiar a compra do carro novo, mas, sim, as mudanças de curto prazo que apontam para uma tendência no longo prazo. Essas decisões são tomadas em um momento presente, porém considerando um cenário posterior a estas e o impacto destas no futuro da empresa ou do consumidor.

Quando ocorrem mudanças na taxa de juros, elas tendem a impactar os preços ou o valor dos recursos dos clientes por meio de maior ou menor valor presente. Ocorrendo aumento na taxa de juros, há a redução do valor presente de recursos e de fluxos de caixa futuros, o que acaba reduzindo o consumo.

Discutindo mais especificamente o crédito, Laux (2006) apresenta uma classificação bastante didática, na qual se coloca a caracterização dos créditos direcionados e dos créditos livres. Os **créditos direcionados** são os empréstimos estabelecidos pelo governo, como o crédito rural, o imobiliário e as linhas de crédito do Banco Nacional de Desenvolvimento Econômico e Social (BNDES). Os **créditos livres** são provenientes da relação direta entre banco e cliente.

Os créditos livres podem ser direcionados à empresa e ao consumidor individual. Reproduzindo as definições apresentadas por Laux (2006, p. 43-48, grifo do original), temos:

4.1.1 Empréstimos a pessoa jurídica de curto prazo

[...] a) *Desconto de duplicata*. É a tradicional modalidade em que o [sic] a empresa tem uma duplicata a receber e antecipa o recebimento junto ao banco, dada uma taxa de desconto;

b) *Nota promissória*. Possui funcionamento semelhante ao do desconto de duplicata, mas não se origina em venda com emissão de nota fiscal, como é o caso do desconto de duplicata, mas em promessa de pagamento;

c) Hot-money. Produto bancário destinado a cobrir déficits operacionais de curtíssimo prazo da empresa. É regido por contratos com valor predeterminado, que já estão em poder do banco para evitar demoras na contratação do empréstimo;

d) *Conta garantida*. É o equivalente ao cheque especial da pessoa física. A empresa tem um volume pré-aprovado pelo banco e utiliza destes recursos para cobrir eventuais problemas passageiros de caixa. É diferente do *hot-money*, pois a empresa capta o necessário para cobrir seu déficit, enquanto no *hot-money*, em geral, o contrato apresenta um valor predefinido. [...]

4.1.2 Empréstimos a pessoa jurídica de médio prazo

[...] a) *Financiamento de bens*. O financiamento difere-se do empréstimo por ter destinação específica; [no caso], destinado a bens. Vale ressaltar que aqui não estão as operações de *leasing*, somente de empréstimos.

b) Vendor. É linha financiamento de vendas a prazo, com funcionamento simples: o vendedor entrega a mercadoria para o comprador; de posse da nota fiscal, o banco empresta o dinheiro para o financiamento. O vendedor recebe o dinheiro e o comprador deve diretamente ao banco. A maior vantagem para o lojista que utiliza essa modalidade é a possibilidade de oferecer prazo ao comprador sem que a empresa prejudique o fluxo de caixa.

c) *Adiantamento de contrato cambial (ACC)*. O vendedor realiza uma operação externa e recebe os recursos do valor do contrato do banco, com uma taxa de desconto acrescido de taxa de juros internacionais, em geral a London Interbank Offered Rate (Libor). Não há modalidade com juros predeterminados em ACC. O ACC pode virar um Adiantamento do contrato de exportação [ACE] caso o prazo seja superior ao embarque da mercadoria. Até o embarque, o empréstimo para vendas externas é conhecido como ACC, após o embarque, como ACE, mas o funcionamento é o mesmo. [...]

4.1.3 Empréstimos a pessoa jurídica de longo prazo

A única modalidade de empréstimo à pessoa jurídica com prazo médio superior a 360 dias foi o financiamento imobiliário à pessoa jurídica. [...]

4.1.4 Empréstimos à pessoa física de curto prazo

a) *Cheque Especial*. São linhas de crédito pré-aprovadas no banco para uso do cliente. Não há necessidade de se fazer novo contrato cada vez que esta linha é usada. [...]

4.1.5 Empréstimos a pessoa física de médio prazo

[...] a) *Crédito pessoal*. Diferentemente do cheque especial, no crédito pessoal há a necessidade de estabelecer as condições de cada empréstimo. Como prazo e valor são, em geral, superiores ao do cheque especial, há maior risco na operação se comparado ao cheque especial.

b) *Aquisição de bens*. O Banco Central reserva a linha de aquisição de bens [mas que não se aplica a automóveis]. O financiamento de veículos tem maior prazo e menor risco (já que o carro financiado é considerado como boa garantia) se comparado com o financiamento de bens. [...]

4.1.5.1 Crédito consignado

A modalidade de crédito consignado faz parte do crédito pessoal. [...] A principal diferença do crédito consignado em relação aos demais créditos pessoais é o menor risco de crédito, pois o pagamento da parcela de empréstimo é creditado diretamente da conta-salário do funcionário. O crédito consignado é feito após acordo entre a área de recursos humanos da empresa e o banco ou a cooperativa de crédito que empresta os recursos. Apesar de reduzir fortemente o risco, a instituição financeira ainda tem o risco de demissão do funcionário [...] e de falecimento. Não é, portanto, um empréstimo livre de risco. [...]

4.1.6 Empréstimos a pessoa física de longo prazo

[...] a) *Financiamento imobiliário pessoa física*. O volume dessa forma de financiamento é muito baixo, dado que há crédito imobiliário a custos mais baixos. [...]

b) *Financiamento de veículos*. O financiamento para aquisição de veículos possui a menor taxa de juros dos empréstimos à pessoa física, com um dos menores níveis de atraso, além de uma forte garantia, o próprio automóvel.

Visto que, para muitas empresas, as vendas a prazo são mais representativas para o faturamento geral, é fundamental que na formação de preço seja levada em conta a necessidade de se estabelecer congruência das respectivas formas de crédito utilizadas pela empresa com os preços efetivamente praticados, pois, caso contrário, corremos o risco de estabelecer níveis de preços incompatíveis com a forma de crédito oferecida ao consumidor para que a venda se concretize.

A decisão de precificação é uma das decisões estratégicas mais importantes na empresa, pois ela reflete até que ponto a gestão da organização conhece o custo para o funcionamento e as operações da empresa, além das condições do ambiente mercadológico e econômico que geram os limites de definição do preço.

Fica claro que a formação de preço não pode ser feita como se nada mais existisse para além dos muros da empresa. De fato, são os fatores presentes no mercado e influenciadores deste que, se congruentes com as decisões organizacionais, garantirão o sucesso ou o fracasso organizacional.

Síntese

O contexto econômico influencia a interação entre vendedores e compradores com base na interatividade entre diversos aspectos, como a renda e sua perspectiva de variação, o preço de produtos substitutos, as preferências dos compradores, a política governamental, a sazonalidade, a inovação tecnológica, entre outros aspectos.

Com isso, temos a necessidade de entender profundamente o mercado, tendo como base os seus elementos estruturantes: a quantidade de empresas no mercado, a diferenciação dos produtos e a intensidade das barreiras de entrada de novos competidores. Esses elementos estruturantes se refletem, geralmente, nas formas de concorrência perfeita e imperfeita, monopólio e oligopólio.

Na visão econômica, predomina a ideia de que o objetivo principal da empresa é a maximização do lucro. Para isso, as empresas buscam o equilíbrio, por meio das decisões de produção e do respectivo preço, entre a oferta e a demanda. Contudo, essa situação não ocorre imediatamente, pois as organizações não conseguem se mover tão rapidamente quanto as alterações da demanda.

Os setores que ofertam produtos que podem ser exportados ou importados, bem como os que oferecem produtos que dependem de insumos e/ou componentes externos, sofrem influência direta do câmbio, existindo, assim, um impacto significativo da variação cambial nas margens de lucro das empresas.

A política monetária estabelece como será o controle sobre a quantidade de dinheiro em circulação e o acesso a esse dinheiro pelos agentes que participam ativamente da economia, como as empresas e os consumidores. Cabe ao Bacen a operacionalização da política monetária, que pode ser feita por meio do controle da taxa de juros e da quantidade de dinheiro colocada em circulação.

Estudo de caso

O caso da empresa Delinha e sua gestão do câmbio

A empresa Delinha trabalha com exportação de suco de laranja. Nesse contexto, seus principais clientes se encontram nos seguintes mercados: Estados Unidos, Brasil e Europa. Observe a seguir os dados gerais das transações comerciais para cada um dos países:

Origem: Brasil.

Destinos: Brasil, Europa e Estados Unidos.

Custo do suco de laranja (litro) no Brasil: R$ 1,00.

Valor de venda no mercado interno: R$ 1,23.

Valor de venda no mercado europeu: € 1,01.

Valor de venda no mercado norte-americano: US$ 1,18.

Taxas de câmbio:

Euro: R$ 2,52.

Dólar: R$ 1,78.

Observação: Para fins didáticos, não será considerado o custo de diferenças tributárias e de logística.

Após a apresentação geral dos dados, observe a seguir o contexto específico das operações com cada um dos mercados:

Mercado interno (Brasil versus **Brasil):** Aqui, é necessário observar a relação de receitas, despesas e custos, verificando se a receita gerada é maior do que os custos e as despesas da venda no mercado interno.

Custo por litro de suco de laranja no Brasil: R$ 1,00.

Preço de venda sugerido: R$ 1,23.

Expectativa de margem de contribuição por litro de suco de laranja: R$ 0,23.

Mercado norte-americano (Brasil versus **Estados Unidos):** Nesse caso, é necessário observar a relação de receita e gastos, além da influência da taxa de câmbio.

Custo por litro de suco de laranja em reais: R$ 1,00.

Custo por litro de suco de laranja em dólares: US$ 0,57 (1,00/1,78).

Preço de venda em dólares sugerido: US$ 1,18.

Expectativa de margem de contribuição por litro de suco de laranja (em dólares): US$ 0,61 (1,18 – 0,57).

Expectativa de margem de contribuição por litro de suco de laranja (em reais): R$ 1,08 (0,61 · 1,78).

Mercado europeu (Brasil versus **Europa):** Assim como no mercado norte-americano, é necessário observar a relação de receita e gastos, além da influência da taxa de câmbio.

Custo por litro de suco de laranja em reais: R$ 1,00.

Custo por litro de suco de laranja em euros: € 0,40 (1,00/2,52).

Preço de venda em euros sugerido: € 1,01.

Expectativa de margem de contribuição por litro de suco de laranja (em euros): € 0,61 (1,01 – 0,40).

Expectativa de margem de contribuição por litro de suco de laranja (em reais): R$ 1,53 (0,61 · 2,52).

Questões sobre o caso da empresa Delinha

1. Após a compreensão dos dados anteriores, elabore um quadro comparativo entre os mercados e faça uma análise gerencial, destacando os principais impactos do câmbio na escolha dos mercados e nas variáveis de preços.

Questões para revisão

1. Quais são os aspectos que influenciam para que a demanda seja elástica ou inelástica?
2. Como a variação cambial afeta as empresas que exportam, importam ou dependem de insumos e componentes importados?
3. Qual é o impacto para a economia de uma elevação na taxa de juros?
4. Relacione a coluna que apresenta as estruturas de mercado com a que contém seus respectivos conceitos. A seguir, assinale a alternativa que apresenta a sequência correta.

   I. Concorrência perfeita ( ) Apenas uma empresa oferta o produto.
   II. Concorrência imperfeita ( ) Grande número de vendedores e compradores.
   III. Oligopólio ( ) Poder limitado de determinar preço.
   IV. Monopólio ( ) Poucas empresas dominam mercado.

   a) III, I, IV, II.
   b) II, III, IV, I.
   c) IV, I, II, III.
   d) I, III, IV, II.

5. A quantidade demandada de um produto tem uma relação inversamente proporcional ao seu preço, em que essa quantidade é dependente do preço estabelecido. Isso é reflexo de quais aspectos?

a) Crédito consignado e crédito direcionado.

b) Elevação das necessidades e das expectativas.

c) Possibilidade de substituição e a variação na renda.

d) Volume do Dólar no país e crédito consignado.

6. Considerando que os créditos livres são provenientes da relação direta entre banco e cliente, assinale a(s) opção(ões) a seguir que **não** se enquadra(m) nesse conceito:

a) Desconto de duplicata.

b) Financiamento de bens.

c) Crédito rural.

d) Linhas de crédito do BNDES.

Para saber mais

Os profissionais, os pesquisadores e os estudantes que desejam saber mais sobre os aspectos econômicos podem consultar as seguintes obras:

Laux, G. **Mercado de crédito no Brasil**: características e respostas a choques. 90 f. Dissertação (Mestrado em Economia) – Fundação Getúlio Vargas, São Paulo, 2006. Disponível em: <http://bibliotecadigital.fgv.br/dspace/bitstream/handle/10438/1815/GuilhermeLaux2006.pdf?sequence=3>. Acesso em: 12 jul. 2011.

Mendes, J. T. G. **Economia**: fundamentos e aplicações. São Paulo: Prentice Hall, 2004.

Rossetti, J. P. **Introdução à economia**. 20. ed. São Paulo: Atlas, 2003.

[1] Alguns trechos deste capítulo foram extraídos de Cruz (2011a).

3 Variáveis de custo

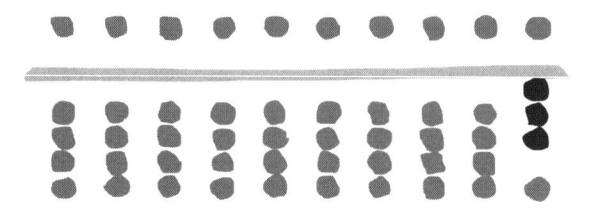

Conteúdos do capítulo:

- Apresentação geral do método de custeio direto;
- Custos variáveis;
- Custos fixos;
- Margem de contribuição.

Após o estudo deste capítulo, você será capaz de:

- identificar as principais características do método de custeio direto;
- calcular o custo variável de cada produto ou serviço;
- calcular a margem de contribuição de cada produto ou serviço;
- calcular o resultado do exercício por meio do custeio direto.

3.1 Contexto geral do custeio direto

Por meio do entendimento introdutório dos métodos apresentados no primeiro capítulo (método por absorção, direto e por atividade), podemos perceber que o método mais adequado para a formação de preço de venda é o método direto, pois este não utiliza rateio na distribuição e no controle dos custos indiretos aos seus produtos e aos seus serviços.

Há alguns autores que tratam os termos *custeio direto* e *custeio variável* como sinônimos e outros que os consideram métodos diferentes. Por considerar tal discussão irrelevante à efetiva prática da gestão nas empresas, trataremos os métodos como equivalentes, utilizando, predominantemente, a expressão *método direto*.

Nesse contexto, o custeio direto se apresenta como um método alternativo para gestão de custos, que propõe a geração de informações sem a realização de rateios ou rastreamentos dos custos indiretos. Esse método possibilita a destinação dos gastos variáveis aos produtos e a identificação da contribuição de cada tipo de produto ou serviço para a estrutura da empresa, o que gera grande contribuição para o processo de precificação.

Um dos mais intrigantes métodos de custos gerenciais existentes, a estrutura do método direto é organizada em custos fixos e variáveis, e sua lógica apresenta várias informações interessantes para a efetiva gestão da empresa em seus produtos, seus serviços e sua estrutura. Oriundo da sociedade americana dos anos de 1930, o custeio direto ou variável pressupõe que a venda dos produtos ou serviços é o efetivo elemento gerador de riqueza da empresa (Souza; Clemente, 2007, p. 63) e, por esse motivo, justifica-se o esforço da gestão dos gastos e a assertividade na formação do preço de venda. Nesse sentido, antes de compreendermos as contribuições do método para o processo de precificação, é necessário entendermos a classificação dos gastos pelo método direto.

3.2 Tipos de gastos: método direto

Segundo Cruz (2011b), os gastos podem ser classificados (Figura 3.1) em **custos**, **investimentos** ou **despesas**.

Figura 3.1 – Tipos de gastos

Observe, a seguir, os contextos geral e específico de cada tipo de gasto.

- **Custos** – Trata-se dos gastos que, direta ou indiretamente, são associados à produção de um bem ou serviço. De acordo com o método direto, podem ser classificados como **custos fixos**, **variáveis** e **híbridos** (Figura 3.2).

Figura 3.2 – Classificação de custos do método direto

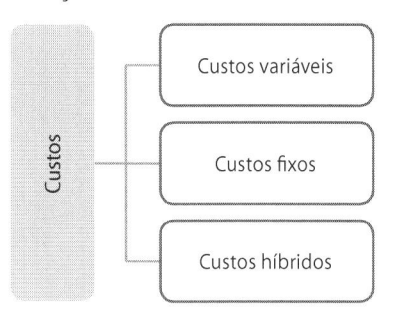

```
Custos ─┬── Custos variáveis
        ├── Custos fixos
        └── Custos híbridos
```

Apresentamos, na sequência, o contexto geral de cada um dos tipos de custos citados anteriormente:

- **Custos fixos** – São os gastos voltados à produção de um bem ou serviço que **não** variam de acordo com a quantidade produzida, ou seja, os valores são os mesmos independentemente do volume de produção de bens ou serviços da empresa e, mesmo que não haja a produção destes, custos continuarão a existir. A seguir, você pode ver alguns exemplos de custos fixos:

Aluguel do barracão da fábrica – Em geral, os aluguéis de instalações de produção de bens ou serviços são contratados de forma fixa, ou seja, acerta-se determinado valor mensal pela utilização de um espaço físico. Nesse caso, seu valor independe da quantidade de bens ou serviços prestados, havendo a obrigação do pagamento do valor acordado independentemente da sua forma de utilização ou ocupação.

Salário dos funcionários da fábrica (mão de obra direta) – Essa mão de obra direta pode ser considerada como um custo fixo, **desde que os salários dos funcionários também sejam fixos**, sem nenhum percentual de variabilidade por desempenho. Dessa forma, a quantidade de bens produzidos ou de serviços prestados não interfere no valor da folha de pagamento.

Graficamente, os custos fixos podem ser representados de acordo com o Gráfico 3.1.

Gráfico 3.1 – Representação gráfica dos custos fixos

Fonte: Cruz, 2011a, p. 38.

Ao observarmos o Gráfico 3.1, podemos perceber que o valor do custo fixo (R$ 200,00) é constante, não variando com a quantidade produzida (01 a 08). Dessa forma, podemos afirmar que esse gasto de produção de bem ou serviço é um custo fixo.

- **Custos variáveis** – São os gastos voltados à produção de um bem ou serviço que **variam** de acordo com a quantidade produzida, ou seja, os valores sofrem variações de acordo com a quantidade de produtos ou serviços prestados pela empresa, existindo apenas se ocorrer o evento operacional. Leia o exemplo a seguir:

Matéria-prima – Pode ser considerada como um custo variável, pois seu consumo está condicionado ao nível de atividade de produção da empresa. Por exemplo: madeira em uma fábrica de mesas de madeira – quanto mais mesas forem produzidas, maior é o consumo de madeiras, sendo que, caso não haja atividade operacional, não haverá consumo de madeiras.

Dessa forma, os custos variáveis podem ser apresentados conforme o Gráfico 3.2.

Gráfico 3.2 – Representação gráfica dos custos fixos e dos custos variáveis

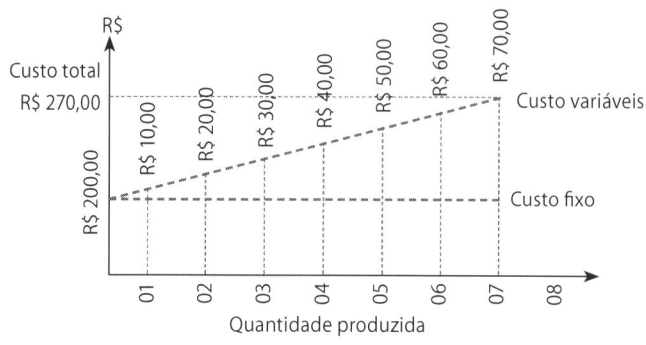

Fonte: Cruz, 2011a, p. 39.

Ao observarmos o Gráfico 3.2, podemos perceber que o valor do custo fixo (R$ 200,00) é constante, ao passo que os custos variáveis apresentam variação de R$ 10,00 a cada quantidade produzida, chegando ao valor de R$ 270,00 de custo total, sendo R$ 200,00 de custo fixo e R$ 70,00 de custos variáveis (referentes à produção de 7 unidades ao custo variável de R$ 10,00 por unidade).

- **Custos híbridos** – São os gastos voltados à produção de um bem ou serviço que são **parcialmente** fixos e variáveis. Dessa forma, os custos híbridos (semifixos ou semivariáveis) apresentam uma parcela fixa até determinado patamar, passando a ser variável a partir de então (semifixo), ou podem ser variáveis até certo nível, tornando-se fixos (semivariáveis). Leia o exemplo a seguir:

Mão de obra direta – Pode ser considerada um custo híbrido, dependendo da forma de sua contratação, caso esta seja formalizada com uma remuneração fixa mais um percentual variável (semifixo) de acordo com seu desempenho de produção (no caso de uma fábrica ou prestadora de serviços) ou de vendas por meio de comissões (no caso de um comércio). Há a possibilidade, ainda, de ser estabelecido um contrato primeiramente variável e posteriormente fixo, auferindo uma remuneração variável até determinado patamar, até que seja limitado a determinado valor, tornando-se fixo.

Com isso, os custos híbridos podem ser apresentados conforme o Gráfico 3.3.

Gráfico 3.3 – Custos semifixos e custos semivariáveis

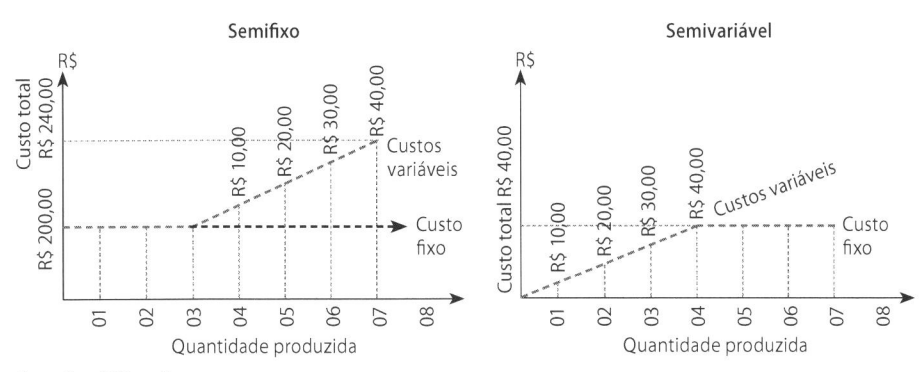

Fonte: Cruz, 2011a, p. 41.

Ao observarmos o gráfico dos custos semifixos, podemos perceber que o valor do custo fixo (R$ 200,00) é constante até a produção do terceiro produto ou serviço; deste ponto em diante, podemos observar o crescimento de R$ 10,00 a cada unidade produzida, chegando ao custo total de R$ 240,00 na sétima unidade. Já no gráfico dos custos semivariáveis, podemos observar que os custos variáveis permanecem crescentes até a quarta unidade produzida, passando a ser fixos a partir dessa unidade, não havendo variação dos valores dos custos da quarta à sétima unidade produzida.

- **Investimentos** – São os gastos associados ao aporte de capital para manter a empresa competitiva no mercado por meio da aquisição de infraestrutura, tecnologia, capacidade, pesquisa e desenvolvimento, novas unidades de negócios, entre outras. Sob a abordagem contábil e financeira, os investimentos podem receber várias denominações. Entre elas, a aquisição de imobilizados seria considerada como um *ativo* pela contabilidade. Já os gastos com pesquisa e desenvolvimento seriam considerados como *despesas*.

- **Despesas** – São os gastos associados à administração e à gestão da empresa, não apresentando relação direta ou indireta aos bens e aos serviços. Pelo método direto, as despesas apresentam a mesma classificação e tratamento dos custos, ou seja, são separadas em despesas fixas, variáveis e híbridas, correspondendo à mesma abordagem conceitual dos custos, só que alocadas à administração da empresa, e não à operação desta. Na Figura 3.3, exemplificamos a classificação das despesas no método direto.

Figura 3.3 – Classificação de despesas no método direto

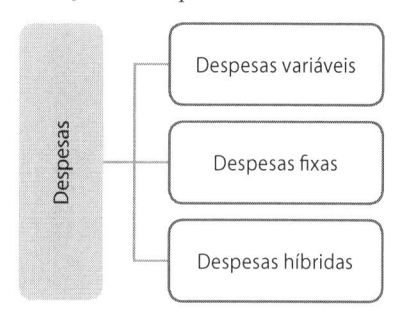

Ainda em referência à tipologia dos gastos, é importante salientarmos que estes devem ser classificados de acordo com as características contratuais, não possuindo a possibilidade de generalizações, além de ser importante o entendimento de cada caso para a classificação dos gastos da empresa.

3.3 Operacionalização das etapas do método de custeio direto

Conforme observado na seção "Tipos de gastos", no método direto os gastos fixos são frequentes e não sofrem alterações em valores pela quantidade produzida, diferentemente dos gastos variáveis. Outra característica do método direto é que os custos e as despesas têm o mesmo tratamento, sendo apenas separados em fixos e variáveis. Na Figura 3.4, apresentamos o esquema lógico do método direto.

Figura 3.4 – Esquema lógico do método direto

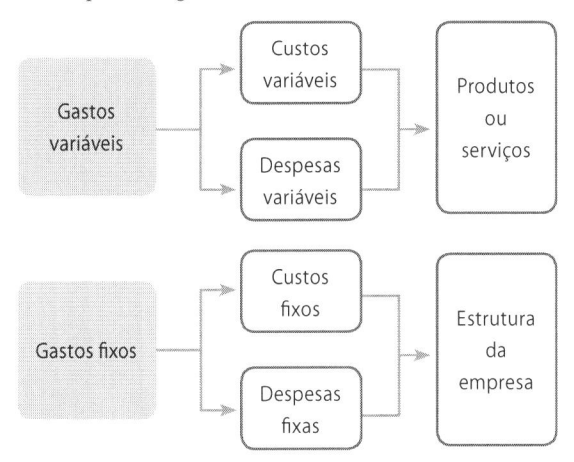

Gastos variáveis → Custos variáveis / Despesas variáveis → Produtos ou serviços

Gastos fixos → Custos fixos / Despesas fixas → Estrutura da empresa

Fonte: Cruz, 2011b, p. 54.

Entre as principais evidências destacadas pelo método do custeio direto (Figura 3.4), temos a separação do produto ou serviço da estrutura da organização, o que possibilita percebermos o "peso" dessa estrutura (gastos fixos) na estrutura variável da empresa (gastos variáveis), além de destacar a contribuição de cada produto ou serviço para o cumprimento dos gastos fixos da organização (estrutura), conforme apresentamos na Figura 3.5.

Figura 3.5 – Evidências do método direto

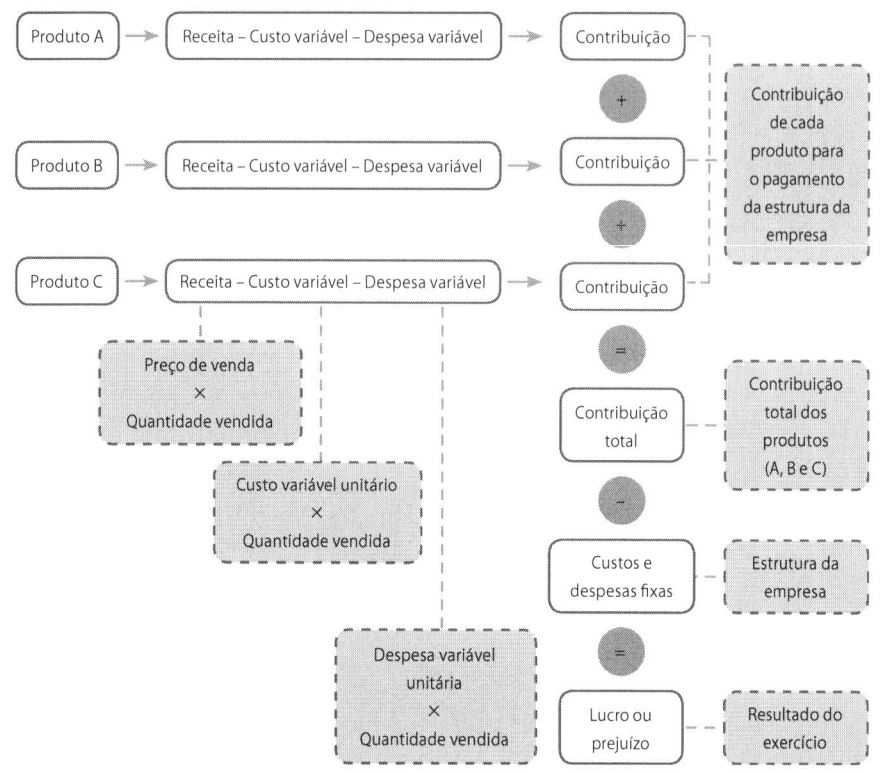

```
Produto A → Receita − Custo variável − Despesa variável → Contribuição ┐
                                                                        │
                                         (+)                            │  Contribuição
                                                                        │  de cada
Produto B → Receita − Custo variável − Despesa variável → Contribuição ─┤  produto para
                                                                        │  o pagamento
                                         (+)                            │  da estrutura da
                                                                        │  empresa
Produto C → Receita − Custo variável − Despesa variável → Contribuição ─┘

        Preço de venda
              ×
        Quantidade vendida
                                         (=)

        Custo variável unitário                                            Contribuição
              ×                        Contribuição  ─────                 total dos
        Quantidade vendida             total                                produtos
                                                                           (A, B e C)
                                         (−)

        Despesa variável                Custos e      ─────                Estrutura da
        unitária                        despesas fixas                     empresa
              ×
        Quantidade vendida               (=)

                                        Lucro ou     ─────                 Resultado do
                                        prejuízo                           exercício
```

Fonte: Cruz, 2011b, p. 54.

> **Pergunta e resposta:**
>
> **Qual é a sequência de etapas necessárias para a operacionalização do método direto?**
>
> O método direto pode ser operacionalizado por meio de uma série de etapas sequenciais, apresentadas a seguir:
>
> 1) Separe os custos e as despesas.
>
> 2) Identifique quais são as despesas e os custos fixos e as despesas e os custos variáveis.
>
> 3) Calcule a receita do período e do preço de venda.
>
> 4) Identifique o custo variável e as despesas variáveis unitárias.
>
> 5) Identifique a margem de contribuição unitária de cada produto.

6) Identifique a margem de contribuição total do exercício.

7) Identifique o "peso" da estrutura da empresa (custos fixos).

8) Calcule o ponto de equilíbrio.

9) Calcule o resultado do exercício.

Dessa forma, apresentamos, a seguir, o contexto geral e específico de cada uma das etapas propostas para a operacionalização do custeio direto:

1. **Separação dos custos e das despesas** – Primeiramente, é necessário identificarmos os gastos relativos às operações da empresa como **custos** e os relativos à administração da empresa como **despesas**.

2. **Identificação dos custos e das despesas fixos e dos custos e das despesas variáveis** – Conforme classificação dos gastos do método direto, os gastos fixos correspondem aos valores que não apresentam alteração de acordo com a quantidade produzida e os gastos variáveis correspondem aos gastos que apresentam variação de acordo com a quantidade produzida. Nesse caso, a identificação dos gastos fixos e variáveis deve, ainda, apresentar-se de forma sequencial à etapa anterior, destacando as atividades operacionais (custos) e administrativas (despesas) fixas e variáveis.

   A operacionalização da separação entre os gastos fixos e os variáveis pode ser auxiliada pela identificação dos gastos que permanecem constantes ainda que a empresa mantenha sua atividade nula, ou seja, os gastos que ocorrem mesmo que a empresa não fabrique ou preste um único bem ou serviço, sendo esses gastos considerados fixos dentro de determinada capacidade instalada.

   Outra observação importante nessa etapa tem relação com os custos híbridos. Estes devem ser identificados e geridos de forma particular, embora seu tratamento para fins de cálculos seja realizado de forma separada, ou seja, separa-se a parte fixa da parte variável, alocando cada parte em sua categoria de cálculo (fixo ou variável).

3. **Cálculo da receita do período e do preço de venda** – A receita do período, assim como nos demais métodos, pode ser auferida pela multiplicação do preço de venda pela quantidade vendida, conforme a equação a seguir:

   Preço de venda × Quantidade vendida

Embora a receita seja considerada a simples resultante da equação anterior, a elaboração do preço de venda é um dos principais desafios dos gestores, que devem apresentar uma solução mediadora entre o custo do produto ou serviço e as demais variáveis apresentadas no Capítulo 1 deste livro.

A limitação das variáveis de custo no estabelecimento do preço de venda é determinada pela **contribuição positiva do produto**, devendo este cumprir com, pelo menos, seus custos variáveis.

4. **Identificação do custo variável e das despesas variáveis unitárias** – O cálculo do custo e da despesa variável unitária é facilmente percebido, desde que sua identificação esteja plenamente correta. Sendo assim, basta observarmos o valor agregado de cada evento operacional (custos) ou administrativo (despesas) a cada unidade de produto ou serviço, chegando ao chamado *valor de "existência" do produto ou serviço*.

5. **Identificação da margem de contribuição unitária de cada produto** – A margem de contribuição unitária dos produtos ou serviços é identificada pela seguinte equação:

> Preço de venda – Custo variável unitário
> =
> Margem de contribuição unitária

A margem de contribuição é a principal medida de desempenho dos produtos, pois sua base positiva representa que determinado produto ou serviço contribui, efetivamente, para o pagamento dos custos e das despesas fixas (estrutura), ou seja, o produto se apresenta favorável ao negócio à medida que sua margem é positiva, e mostra-se nulo ou negativo de acordo com sua resultante. Dessa forma, expomos a seguinte regra:

- Margem positiva = Produto ou serviço favorável ao negócio.
- Margem nula = Produto ou serviço indiferente ao negócio.
- Margem negativa = Produto ou serviço não favorável ao negócio.

A representação gráfica das resultantes da margem de contribuição pode ser observada no Gráfico 3.4.

Gráfico 3.4 – Representação da dinâmica da margem de contribuição

```
                    PV = CV + DV
                    Margem de contri-
                    buição nula

         PV > CV + DV
         Margem de contri-
         buição positiva              CV + DV
                        Margem de contri-
                        buição negativa
                        PV < CV + DV
```

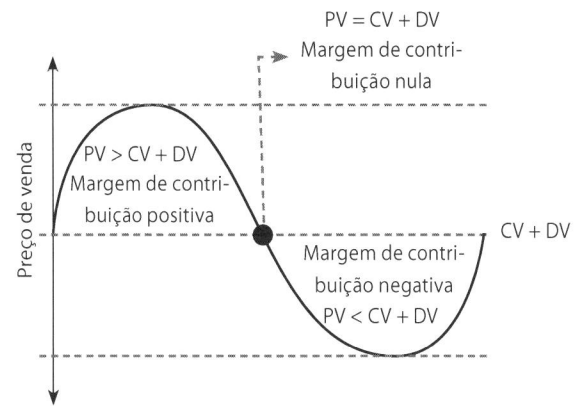

Fonte: Cruz, 2011a, p. 58.

Vale ressaltarmos que a decisão de manter ou não um produto ou serviço na carteira de oferta da empresa deve prever estudos criteriosos de mercado, sendo a perspectiva de contribuição apenas uma fonte de informação para a decisão, além de prescrever uma relação de médio e longo prazo e alinhar o *mix* de produtos da empresa com as estratégias estabelecidas.

6. **Identificação da margem de contribuição total do exercício** – A margem de contribuição total é a soma das contribuições individuais de toda a carteira de produtos ou serviços ofertados pela empresa.

Na Figura 3.6, ilustramos o modo como se forma a margem de contribuição total.

Figura 3.6 – Formação da margem de contribuição total

```
   ┌─────────────────────────┐
   │ Contribuição produto A  │
   └─────────────────────────┘
              +                    ┌─────────────────────┐
                         ═══▶      │ Margem de           │
   ┌─────────────────────────┐     │ contribuição total  │
   │ Contribuição produto B  │     └─────────────────────┘
   └─────────────────────────┘
```

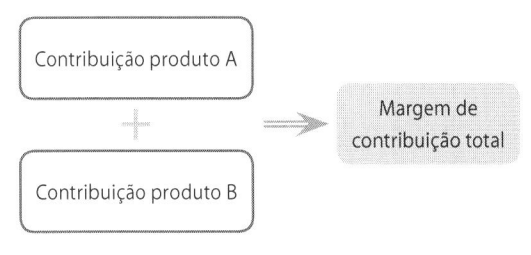

Fonte: Cruz, 2011b, p. 60.

A totalidade das contribuições pretende evidenciar se o esforço demandado no exercício foi o suficiente para pagar a estrutura da empresa (custo fixo) e auferir um resultado positivo (lucro) ou negativo (prejuízo).

7. **Identificação do "peso" da estrutura da empresa (custos e despesas fixos)** – A identificação do "peso" da estrutura da empresa é um dos fatores extremamente relevantes para a gestão executiva e para a estratégica das empresas. Essa evidência surge na identificação dos custos e despesas fixos, que demonstram o quanto a empresa custa caso suas atividades permaneçam nulas ou em pouca atividade.

    Atualmente, a identificação dos custos fixos e sua representação na estrutura de resultados da empresa pode ser o fator de sucesso ou insucesso de uma organização, que deve estar preparada para altos e baixos em suas receitas.

8. **Apresentação do ponto de equilíbrio (PE)** – O ponto de equilíbrio é originado das informações do método direto que possibilitam a utilização de uma equação operacional, financeira e econômica que evidencia o resultado necessário para o alcance do resultado nulo, no qual as receitas são iguais à soma dos gastos variáveis e fixos. Para Martins (2000), o ponto de equilíbrio é constatado quando ocorre a conjunção dos custos totais com as receitas totais, sendo expresso pela seguinte equação:

$$PE = \frac{\text{Custos + Despesas fixas}}{\text{Receita unitária – Custos e despesas variáveis unitárias}}$$

Para o pleno entendimento do ponto de equilíbrio, dois aspectos devem ser observados:

1. A aplicação do ponto de equilíbrio se mostra limitada em empresas cuja carteira de produtos apresenta mais de uma opção.
2. A representação do ponto de equilíbrio se apresenta estruturada em determinada capacidade instalada.

Nesse contexto, apresentamos alguns dos principais tipos de ponto de equilíbrio utilizados no mercado:

- **Ponto de equilíbrio contábil** – Estabelece a igualdade entre os custos totais e as receitas totais, evidenciando o resultado nulo.

- **Ponto de equilíbrio financeiro** – Devem ser feitos ajustes nos custos cujo desembolso não foi efetivamente realizado, assim como na depreciação.

- **Ponto de equilíbrio econômico** – Deve ser considerado, para fins de cálculo, o custo do capital investido na base de cálculo dos custos.

O ponto de equilíbrio pode ser representado graficamente, conforme apresentado no Gráfico 3.5.

Gráfico 3.5 – Gráfico do ponto de equilíbrio

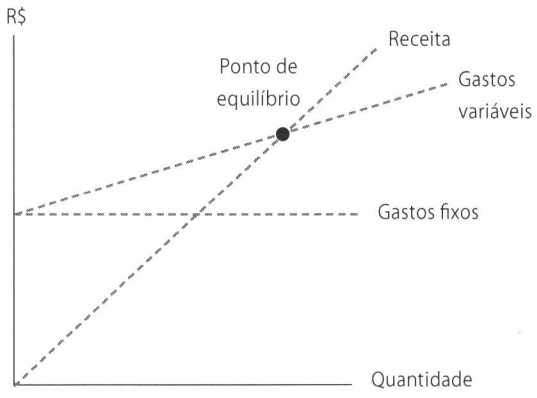

Fonte: Cruz, 2011a, p. 62.

A seguir, apresentaremos um exemplo de operacionalização do ponto de equilíbrio.

Uma determinada empresa apresenta as seguintes características em sua estrutura de custos:

Custo variável: R$ 100,00/un.

Custos + Despesas fixas: 20.000,00/mês.

Preço de venda: R$ 200,00/un.

O cálculo do ponto de equilíbrio (PE) contábil seria:

$$PE = \frac{\text{Custos + Despesas fixas}}{\text{Margem de contribuição unitária}}$$

$$PE = \frac{R\$\ 20.000,00}{R\$\ 100,00}$$

PE = 200 unidades por mês.

A representação gráfica do ponto de equilíbrio deste exemplo é apresentada na Figura 3.6.

Gráfico 3.6 – Gráfico de ponto de equilíbrio

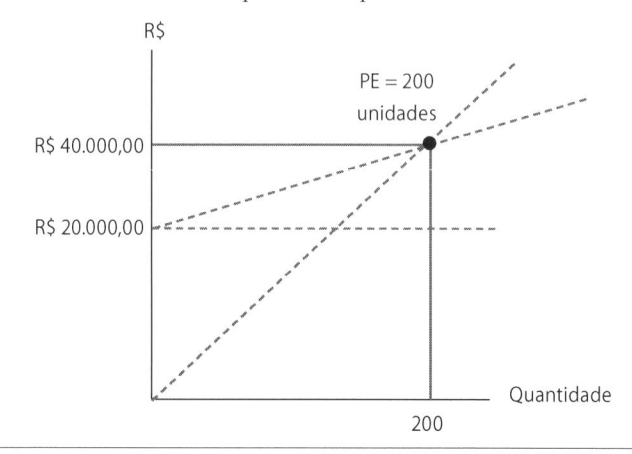

Demonstração do resultado do exercício (DRE) – Custeio direto	
	TOTAL
Receitas	R$ 40.000,00
(-) Custos variáveis + Despesas variáveis	R$ (20.000,00)
(=) Margem de contribuição	R$ 20.000,00
(-) Custos fixos + Despesas fixas	R$ (20.000,00)
(=) Resultado	R$ — ← RESULTADO NULO

9. **Apresentação do resultado do exercício** – A demonstração do resultado do exercício (DRE), estabelecida pelo método direto, é um relatório financeiro que procura evidenciar o resultado do exercício dentro de determinado período, destacando os seguintes pontos:
    - Receita.
    - Custos variáveis.
    - Despesas variáveis.
    - Margem de contribuição.
    - Custos fixos.
    - Despesas fixas.
    - Lucro ou prejuízo no exercício.

Essa estrutura de apresentação do resultado não é utilizada para fins fiscais; no entanto, sua contribuição se mostra efetiva em análise e ajuste de ofertas e preços. Conforme abordado anteriormente, no método direto os custos e as despesas têm o mesmo tratamento: são separados em fixos e variáveis e não apresentam a evidência de lucro ou prejuízo por produto ou serviço – apenas a contribuição efetiva em relação ao cumprimento dos custos e despesas fixos. A margem de contribuição dos produtos é a principal relação de desempenho individual do *mix* ofertado.

A estrutura da DRE pelo método direto é apresentada na Figura 3.7.

Figura 3.7 – Demonstração do resultado do exercício (DRE) pelo método direto

	DRE – Custeio direto			
	Produto A	**Produto B**	**Produto C**	**TOTAL**
Receitas				
(-) Custos variáveis				
(-) Despesas variáveis				
(=) Margem de contribuição				
(-) Custos fixos específicos				
(-) Despesas fixas específicas				
(=) Margem de contribuição líquida				
(-) Custos fixos gerais				
(-) Despesas fixas gerais				
(=) Resultado				

Fonte: Cruz, 2011a, p. 64.

O resultado apresentado pela DRE do método direto auxilia na percepção de várias informações relevantes. Entre elas, destacam-se:

- a receita por tipo de produto ou serviço e seus respectivos gastos variáveis (custos e despesas);
- a contribuição efetiva de cada produto, que possibilita uma análise criteriosa dos fluxos gerados por produto, auxiliando no estudo do *mix* a ser oferecido e o preço a ser praticado;

- a estrutura específica de cada produto ou serviço (custos e despesas fixos específicos), que gera uma contribuição específica para o pagamento da estrutura geral e é representada pelos custos e despesas fixos;
- o resultado final do período (lucro ou prejuízo), o qual possibilita uma análise de desempenho da empresa ou da unidade de negócios.

Conforme podemos observar nas etapas descritas anteriormente, o custeio direto ou variável apresenta uma sequência e uma estrutura simplificadas, com base em uma classificação de custos e despesas (fixos e variáveis) de fácil identificação. Vale ressaltarmos que se trata de um importante método de gestão, voltado à compreensão da empresa como um ator social de geração e desenvolvimento de valor.

3.4 Aplicabilidade do método de custeio direto na precificação

Após o entendimento da relação entre o conceito e a funcionalidade das principais evidências e da operacionalização do método direto, é possível compreendermos com maior profundidade as contribuições desse método para o processo de precificação.

Entre as principais contribuições, temos a possibilidade de identificar a contribuição de cada um dos produtos ou serviços do *mix* da empresa para o pagamento da estrutura fixa. Dessa forma, em geral, é posível afirmar que um produto ou serviço pode ter o preço estabelecido em qualquer valor acima dos seus gastos variáveis (custos e despesas). Assim, o produto ou serviço apresentaria uma contribuição positiva, colaborando unitariamente para o resultado favorável da empresa. A Figura 3.8 apresenta a base de cálculo da margem de contribuição.

Figura 3.8 – Base de cálculo da margem de contribuição

Preço de venda > Gastos variáveis = Margem de contribuição positiva

Com isso, pela perspectiva de custos, o **montante equivalente aos gastos variáveis pode ser considerado o limite mínimo do preço de venda**. Vale lembrarmos que, por motivos mercadológicos ou logísticos, nem sempre essa regra é observada pelos gestores, podendo haver produtos ou serviços que necessitem de promoção e divulgação, em que uma das estratégias é a competição por preço.

Síntese

Entender as perspectivas de custos na precificação de produtos e serviços é, sem dúvida, uma questão de sobrevivência organizacional. Nesse sentido, o método direto se apresenta como uma interessante ferramenta de gestão. Por meio de uma classificação que facilita a operacionalização no contexto organizacional, as contribuições do método direto emergem, principalmente, da separação dos produtos e serviços da estrutura da empresa, percebendo a efetividade contributiva de cada um dos itens do *mix* da organização. Além disso, esse método possibilita a realização de uma análise criteriosa da viabilidade financeira dos produtos e serviços do *mix* ofertado, bem como de suas possibilidades de negociação e de flexibilidade de preço. Tal análise pode ser melhor compreendida e relacionada por meio da utilização do ponto de equilíbrio, que surge como uma ferramenta auxiliar de entendimento do período em que a empresa apresentaria seu momento de resultado nulo, que pode ser de extrema valia nos estudos de fluxos e necessidades de caixa e no ajuste de preços de acordo com a quantidade comercializada.

Estudo de caso

O caso da empresa Lorita

A empresa Lorita Ltda., que está no mercado de tintas há 20 anos, possui em seu *mix* os produtos A, B, C, D e E. Devido à tradição e qualidade, atualmente a empresa se encontra numa posição interessante, pois alguns dos seus produtos são líderes de mercado e outros estão em fase de implementação. Observe, a seguir, o contexto geral de cada um dos produtos da empresa:

- **Produto A** – Embora tenha uma boa participação de mercado, trata-se de um produto recém-desenvolvido e que se encontra em fase de implementação.
- **Produto B** – É o "carro chefe" da empresa. Foi devido a esse produto que a organização conseguiu ficar grande parte do seu tempo

no mercado, visto que se encontra no *mix* desde a implantação da empresa, em 1991.

- **Produto C** – Trata-se de um produto em plena expansão: está bem posicionado, tem boa participação, além de possuir um potencial interessante de expansão no mercado.
- **Produto D** – É um produto desenvolvido há 5 anos, cujos benefícios não são tão claros para os empresários.
- **Produto E** – Consiste num produto em fase de experimentação no mercado. Sendo assim, não se sabe a resposta do mercado sobre essa nova oferta.

Com base no histórico dos produtos da empresa e nas informações disponibilizadas nos quadros a seguir, faça os cálculos necessários (por meio do método direto), responda às questões propostas e, ao final, elabore um relatório de análise.

Quadro 3.1 – Informações gerenciais

Informações gerais	Informações operacionais da empresa				
	Produto A	Produto B	Produto C	Produto D	Produto E
Estoque inicial	300	400	400	400	400
Quantidade produzida	3000	9000	5000	1000	1000
Quantidade vendida	1900	9100	5000	900	1050
Número de funcionários	6	6	4	2	2
Preço de venda	R$ 53,00	R$ 59,00	R$ 46,90	R$ 29,50	R$ 34,30

Quadro 3.2 – Controle e classificação dos gastos do período

Custos variáveis	Gastos da empresa				
	Produto A	Produto B	Produto C	Produto D	Produto E
Gastos gerais (tipo 1)	R$ 0,30	R$ 0,29	R$ 0,22	R$ 0,23	R$ 0,20
Mão de obra direta	R$ 4,50	R$ 3,50	R$ 4,32	R$ 3,50	R$ 2,90
Energia elétrica	R$ 0,10	R$ 0,10	R$ 0,15	R$ 0,10	R$ 0,30
Água	R$ 0,05	R$ 0,05	R$ 0,05	R$ 0,04	R$ 0,04

(continua)

(Quadro 3.2 – conclusão)

Material direto	R$ 10,00	R$ 12,00	R$ 11,00	R$ 11,50	R$ 17,80
Gastos gerais (tipo 2)	R$ 0,10	R$ 0,10	R$ 0,07	R$ 0,04	R$ 0,05
Embalagem	R$ 1,20	R$ 1,00	R$ 1,10	R$ 1,95	R$ 1,30
Manutenção	R$ 0,05	R$ 0,05	R$ 0,05	R$ 0,06	R$ 0,07
Mão de obra indireta	R$ 0,60	R$ 0,55	R$ 0,40	R$ 0,40	R$ 0,50
Despesas variáveis	Produto A	Produto B	Produto C	Produto D	Produto E
Despesas (tipo 1)	R$ 0,11	R$ 0,14	R$ 0,15	R$ 0,20	R$ 0,02
Despesas (tipo 2)	R$ 0,40	R$ 0,45	R$ 0,30	R$ 0,40	R$ 0,55
Custos fixos	**Produtos A, B, C, D e E**				
Custos fixos 1	R$ 1.000,00				
Custos fixos 2	R$ 3.900,00				
Custos fixos 3	R$ 2.000,00				
Custos fixos 4	R$ 3.000,00				
Custos fixos 5	R$ 1.000,00				
Despesas fixas	**Gastos da administração – fixos**				
Despesas administrativas	R$ 800,00				
Despesas comerciais	R$ 2.500,00				
Despesas financeiras	R$ 500,00				
Despesas gerais	R$ 600,00				

Questões sobre o caso da empresa Lorita

1. Calcule o resultado da empresa no período:

	Produto A	Produto B	Produto C	Produto D	Produto E	Total
DRE – Custeio direto						
Receitas						
(−) C V						
(−) D V						
(=) M C						
(−) G F						
(=) Resultado						

2. Calcule a margem de contribuição unitária de cada produto:

	Margem de contribuição unitária				
	Produto A	Produto B	Produto C	Produto D	Produto E
Margem de contribuição total					
Quantidade vendida					
(=) Margem de contribuição unitária					

3. Identifique qual é o melhor produto da empresa e justifique sua resposta.

4. Identifique qual é o pior produto da empresa e justifique sua resposta.

5. Sob as perspectivas de custos, complete as lacunas a seguir com o preço de venda mínimo que pode ser praticado por cada um dos produtos, para que estes apresentem uma margem positiva de contribuição. Justifique sua resposta.

a) A = _____.

b) B = _____.

c) C = _____.

d) D = _____.

e) E = _____.

Questões para revisão

1. O que representa a margem de contribuição de um produto ou serviço?

2. Quais as principais contribuições do custeio direto para a formação do preço de venda?

3. Assinale a coluna dos gastos com a coluna dos conceitos. Em seguida, indique a alternativa que apresenta a sequência correta.

I. Gastos operacionais   ( ) Custos e despesas fixos
II. Gastos administrativos ( ) Despesas fixas e variáveis
III. Gastos variáveis   ( ) Custos fixos e variáveis
IV. Gastos fixos   ( ) Custos e despesas variáveis

a) II, III, IV, I.
b) IV, III, II, I.
c) III, II, I, IV.
d) I, II, IV, III.

4. "É a diferença entre o preço de venda e o custo variável de cada produto ou serviço; é o valor com que cada unidade efetivamente contribui para a formação do lucro ou superávit de um produto, projeto ou serviço". Esse conceito corresponde a qual item da estrutura do custeio direto?

a) Custos variáveis.
b) Margem de contribuição.
c) Receita.
d) Custos diretos.

5. "São os valores oriundos da venda de mercadorias, valores recebidos por serviços prestados, repasse de verbas, entre outros". Esse conceito corresponde a qual item da estrutura do custeio direto ou do custeio por absorção?

a) Custos variáveis.
b) Margem de contribuição.
c) Receita.
d) Custos diretos.

6. A empresa Seja Feliz Ltda. apresentou as seguintes informações gerenciais:

Custos variáveis: R$ 67,00 un.

Preço de venda: R$ 180,90 un.

Com base nas informações anteriores, assinale a alternativa que apresenta o valor da margem de contribuição unitária.

a) Aproximadamente R$ 113,90.
b) Aproximadamente R$ 209,90.
c) Aproximadamente R$ 309,90.
d) Aproximadamente R$ 100,90.

7. "São os custos que permanecem constantes dentro de determinada capacidade instalada; sendo assim, esses custos independem do volume de produção e podem existir mesmo que não haja produção". Esse conceito corresponde a qual tipo de custo?

a) Custos variáveis.
b) Custos fixos.
c) Custos marginais.
d) Custos diretos.

Para saber mais

Os profissionais, os pesquisadores e os estudantes que desejam saber mais sobre o contexto geral do custeio direto podem consultar as seguintes obras:

Cruz, J. A. W. **Gestão de custos**: perspectivas e funcionalidades. Curitiba: Ibpex, 2011. (Série Gestão Financeira).

Souza, A.; Clemente, A. **Gestão de custos**: aplicações operacionais e estratégicas. São Paulo: Atlas, 2007.

Souza, A.; Cruz, J. A. W. Classificando custos fixos e variáveis por meio de métodos estatísticos. **Revista Mineira de Contabilidade**, v. 34, p. 22-30, 2009.

Variáveis mercadológicas 4

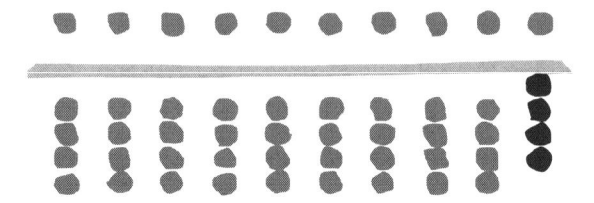

Conteúdos do capítulo:

- Conceituação e tipificação das variáveis mercadológicas;
- Variáveis referentes a clientes;
- Variáveis referentes a fornecedores;
- Variáveis referentes a organização.

Após o estudo deste capítulo, você será capaz de:

- conceituar as variáveis que influenciam na formação de preço de um produto ou serviço;
- analisar e classificar as variáveis que impactam sobre a formação de preço de um produto ou serviço;
- diagnosticar e implementar ações sobre as variáveis que influenciam positiva ou negativamente a formação de preços dos produtos e serviços.

4.1 Contexto geral das variáveis mercadológicas

Quando pensamos no valor dos produtos que produzimos, negociamos e consumimos, é necessário levarmos em consideração o contexto e as variáveis que interferem na formação de preços, e que podem se alterar conforme alguns aspectos relacionados aos produtos e serviços em questão.

É fundamental identificarmos e analisarmos essas variáveis, pois, dependendo de suas características e de sua importância, a influência destas pode impactar diretamente e interferir na formação de preços.

De acordo com Bernardi (2007), citado por Lemos e Leitão (2009), estabelecer uma política de preços bem-sucedida é assunto de vital importância, de grande complexidade e responsabilidade. O número de variáveis qualitativas e quantitativas, de incertezas, de probabilidades e eventos a considerar e a ponderar é extenso, e abrange aspectos internos e externos.

Sendo assim, essas variáveis mercadológicas serão tratadas de forma qualitativa, pois são muito importantes para a compreensão do processo de formação de preços dos produtos e dos serviços. Para fins de análise e compreensão do ambiente organizacional em que estão inseridas, consideraremos quatro variáveis básicas: **cliente**, **fornecedor**, **concorrência** e

organização. Estas influenciam e sofrem influência umas das outras e estão diretamente relacionadas. Na Figura 4.1, é possível ver a relação entre essas quatro variáveis.

Figura 4.1 – Relação entre as variáveis mercadológicas

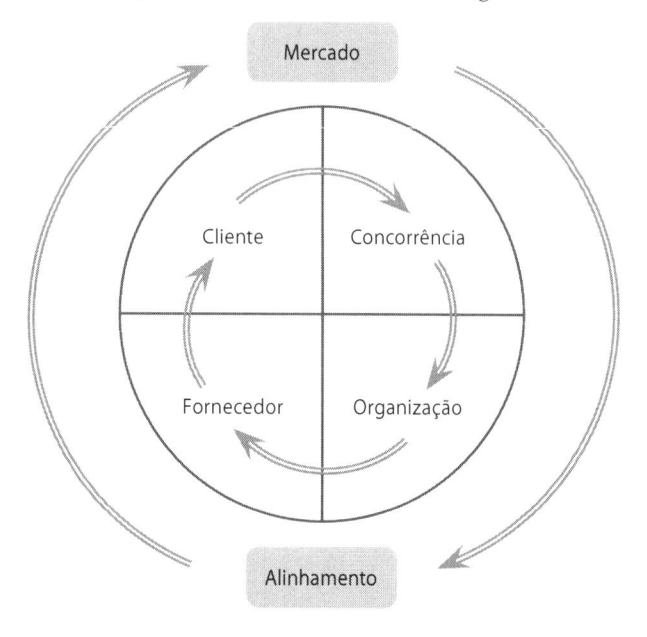

[Diagrama circular com os elementos: Mercado (topo), Cliente, Concorrência, Fornecedor, Organização (quadrantes internos) e Alinhamento (base)]

Pergunta e resposta:

Quais são as variáveis mercadológicas que influenciam na formação de preço de um produto ou serviço?

São quatro variáveis: cliente, fornecedor, concorrência e organização.

As organizações devem buscar um alinhamento equilibrado entre essas variáveis que atuam de forma direta ou indireta na formação de preço, por meio da busca continuada de conhecimento dos diversos ambientes existentes na relação organização *versus* produtos e serviços e da busca de uma análise clara das condicionantes influenciadoras dessas variáveis – as quais chamaremos de *componentes das variáveis* –, por se tratarem de aspectos e fatores que podem emergir de situações particulares de cada organização e que, portanto, podem sofrer alterações de tempo, mercado, percepção das pessoas, cultura etc. Ao analisarmos as variáveis mercadológicas e seus componentes, é necessário termos a percepção de que existem diferentes ambientes relacionados à organização – e, consequentemente, aos seus produtos e serviços – que interferem nos resultados dessa análise.

Para fins de alinhamento de conceitos, serão considerados três ambientes principais: o **geral**, o **operacional** e o **interno**.

De acordo com Peter e Certo (2005), o **ambiente geral** pode ser compreendido como sendo um nível de ambiente externo à organização, formado por componentes que normalmente têm amplo escopo e sobre o qual a organização não tem nenhum controle; já o **ambiente operacional** é um nível de ambiente externo à organização, composto de setores que normalmente têm implicações específicas e relativamente mais imediatas na empresa; por fim, o **ambiente interno** é o nível de ambiente da organização que está dentro dela e que, normalmente, tem implicação imediata e específica em sua administração. Diferentemente dos demais, este possui componentes mais facilmente perceptíveis e controláveis.

> Pergunta e resposta:
>
> **Quais são os principais ambientes organizacionais que influenciam diretamente nas variáveis mercadológicas?**
>
> Os ambientes geral, operacional e interno.

Podemos perceber claramente que as variáveis mencionadas como influenciadoras na formação de preços de produtos e serviços – clientes, fornecedores, concorrência e organização – estão diretamente ligadas aos níveis de ambientes organizacionais Para melhor detalhamento, explicação e compreensão das variáveis mercadológicas e seus componentes, os próximos tópicos deste capítulo as tratará distinta e especificadamente.

4.2 Variável cliente

É um componente bastante importante para a formação do preço de qualquer produto ou serviço, visto que é formado por elementos referentes a um fator vital para a existência de qualquer organização: o **cliente**. É ele que consome o produto ou serviço da empresa, aprova ou não o que a organização produz. Solomon (2008) descreve o consumidor como sendo um ator no palco do mercado – ou seja, aquele que dá vida a esse mercado – que utiliza critérios diferentes para avaliar o que consome.

A variável cliente está diretamente relacionada aos critérios de avaliação que se encontram distribuídos nos três níveis organizacionais (geral, operacional e interno) uma vez que apresenta componentes em cada ambiente.

No Quadro 4.1, podemos ver a relação entre a variável cliente – e seus componentes –, e os ambientes organizacionais.

Quadro 4.1 – Componentes da variável cliente

Ambiente	Componentes da variável cliente
Geral	Econômico
	Social
	Legal
	Tendências
	Acessibilidade
Operacional	Perfil
	Comunicação
Interno	Colaboradores
	Lideranças
	Cultura organizacional
	Comunicação interna

Com base nesse quadro, podemos verificar que o ambiente geral é o que mais apresenta componentes da variável cliente, sendo seguido pelo ambiente interno e, por último, com menos variáveis, o operacional. Isso se deve ao fato de que, para as organizações contemporâneas, a influência da sociedade é cada vez mais evidente. Prova disso é o fortalecimento no Brasil da utilização do chamado *Código do Consumidor*, e, também, ao fato de que as novas gerações têm muito mais acesso à informação do que as gerações passadas.

Para o melhor esclarecimento sobre a necessidade de análise dos componentes da variável cliente, a fim de uma compreensão mais adequada sobre o assunto, descrevemos a seguir os elementos que compõem essa variável:

Ambiente geral:

- **Componente econômico** – Indica qual o poder de compra atual do cliente e está relacionado a fatores como momento econômico, crescimento do PIB (Produto Interno Bruto), taxa de desemprego, taxas de inflação, custo de financiamentos, oferta de crédito, época do ano etc., ou seja, tudo aquilo que possa afetar de alguma forma a capacidade dos clientes em adquirir o produto ou serviço da empresa.

- **Componente social** – Corresponde às características da sociedade na qual a organização está inserida, além dos hábitos específicos de consumo dos clientes, os quais podem estar relacionados a fatores como crença, idade, estilo de vida, localização geográfica, nível educacional etc. Para esse componente, é importante termos a consciência de que a sociedade contemporânea está em permanente mudança e de que, para alguns setores do mercado, essas mudanças podem ocorrer mais rapidamente do que as de outros setores, visto que ocorrerão inevitavelmente.

- **Componente legal** – Consiste nas leis e nas normatizações que toda a sociedade deve seguir. No caso do Brasil, um exemplo claro de lei que influência a relação organização-cliente é a Lei nº 8.078, de 11 de setembro de 1990, conhecida por *Lei de Proteção do Consumidor* (Brasil, 1990). Dependendo do segmento de atuação da empresa, a legislação a ser seguida varia. Por isso, é importante ter sempre em mente quais são as leis que se aplicam ao empreendimento em questão.

- **Componente tendência** – Esse componente se refere aos hábitos de consumo que estão na "moda". Dependendo do mercado em que atua a empresa, as tendências podem influenciar, e muito, os clientes. Portanto, é bastante importante estar atento a elas, para poder antecipá-las, ou até mesmo criar uma tendência, para ser o precursor em determinado produto ou serviço.

- **Componente acessibilidade** – Consiste em perceber onde é o melhor local de acesso do produto ou serviço: onde ele será mais facilmente consumido, quais as consequências de estar no lugar "a", "b" ou "c".

Ambiente operacional:

- **Componente perfil** – É um derivado do componente social, porém com uma análise mais próxima da realidade da organização. Qual é o perfil do público específico que se quer atingir com determinado produto ou serviço? Qual é a sua cultura, os seus hábitos, os seus gostos, os seus sonhos etc.? Ao fazermos essas perguntas, percebemos que esses fatores podem influenciar diretamente no produto ou serviço. Por exemplo: nas matérias-primas que serão utilizadas, na cor do produto, no seu *design* etc.

- **Componente comunicação** – É uma das grandes armas contra a concorrência no mercado atual. A função desse componente é ter um bom processo de comunicação com o público-alvo da empresa. Portanto, alinhada ao componente perfil, a comunicação feita de maneira adequada, com uma codificação possível de ser recebida, descodificada e compreendida pelo receptor, é vital para o sucesso de qualquer organização.

Ambiente interno:

- **Componente colaboradores** – Compreender esse componente e dar importância a ele é essencial a toda organização que queira realmente ter vantagem competitiva em um mercado competitivo. Conhecer as competências, as aspirações, as necessidades bem como fazer com que os colaboradores se sintam parte de uma equipe são pontos importantes para que estes se sintam valorizados e motivados.

- **Componente lideranças** – Para alcançar o resultado no componente colaboradores, anteriormente descrito, é importante ter lideranças que sejam capazes de fazer com que as pessoas se sintam estimuladas. Preparar e desenvolver essas lideranças dá subsídio para equipes vencedoras e, portanto, para organizações de sucesso. Perceba que desenvolver lideranças e colaboradores não é custo, mas, sim, investimento.

- **Componente cultura organizacional** – Trata-se de um dos componentes internos que mais tem sido debatido nos últimos anos nas organizações e na área acadêmica, pois influencia diretamente na relação entre colaboradores, lideranças, organização e, também, mercado. Não é possível chegar a uma base de formação de preços equilibrada sem levar em consideração a cultura da empresa e das pessoas que fazem parte dessa organização.

- **Componente comunicação interna** – Como já foi descrito anteriormente, a comunicação clara e objetiva é bastante importante nas organizações contemporâneas, sendo que a comunicação interna também está dentro desse rol de importância. Não é possível chegar a bons objetivos com eficiência sem que haja um bom processo de comunicação interna. Por exemplo: leve em consideração quais são os canais de comunicação de sua empresa, se sua organização é aberta, se é acessível, se passa pelos devidos filtros por parte das lideranças, pois, sem isso, fica bastante difícil de as pessoas falarem a mesma linguagem, pensarem a mesma estratégia e atingirem os mesmos resultados.

> **Pergunta e resposta:**
>
> Em relação à variável cliente, quais são os principais componentes, analisando-se o ambiente geral?
>
> Os componentes são: econômico, social, legal, tendências e acessibilidade.

4.3 Variável fornecedor

A variável fornecedor tem atualmente um papel de destaque quando o assunto é formação de preço para atuação em um mercado cada vez mais competitivo. Ao pensarmos que vivemos em um mundo globalizado, no qual o fluxo de mercadorias é constante, as fronteiras regionais deixam de ser barreiras e, com isso, as distâncias "se encurtam". O quesito fornecedor passou a ser um item estratégico dentro da cadeia de valor de qualquer produto e, também, serviço.

Considerando a relação existente entre a variável fornecedor e os ambientes organizacionais, podemos perceber que essa variável é composta pelos componentes descritos no Quadro 4.2.

Quadro 4.2 – Componentes da variável fornecedor

Ambiente	Componentes da variável fornecedor
Geral	Legal
	Localização e acessibilidade
	Oferta
	Comunicação
Operacional	Tecnologia
Interno	Qualidade
	Negociação
	Conhecimento do mercado

Com base na análise dos componentes da variável cliente, é possível percebermos que, além da influência de alguns desses componentes na variável fornecedores, como os sociais, os culturais, os de comunicação de tendências, entre outros, temos os seguintes:

Ambiente geral:

- **Componente legal** – Com o advento da globalização e uma tendência cada vez maior das empresas em procurar novos parceiros e fornecedores pelo mundo, é bastante relevante que sejam observadas as regras e legislações pertinentes a cada fornecedor, para que não se corra o risco de ter uma negociação frustrada, errada ou até mesmo não vantajosa para a organização. Por exemplo: escolher transferir a produção de alguma empresa de um país A para um país B, pensando nas vantagens dessa transferência em relação a alguns quesitos, como mão de obra, e não perceber que lá existe uma sobretaxação para produtos de empresas estrangeiras.

- **Componente localização e acessibilidade** – Ao pensarmos na importância do fornecimento para o sucesso da cadeia de produção das empresas, é necessário estarmos atentos às condições de cumprimento estabelecidas no contrato com os fornecedores. Afinal, quanto é o custo de uma linha de produção parada por conta da falta de fornecimento dos insumos? Dependendo do tamanho da empresa, isso é incalculável!

- **Componente oferta** – De uma forma geral, esse componente faz a regulação do mercado. Assim, a busca de alternativas e de novos parceiros por meio de uma análise criteriosa do mercado é importante para administrarmos esse componente, que tem um peso bastante considerável no ponto de equilíbrio dos preços dos produtos.

Ambiente operacional:

- **Componente tecnologia** – Esse componente, em específico, apesar de estar sendo descrito como da variável fornecedor, influencia todas as áreas das organizações, pois, por meio da tecnologia, é possível diminuir custos, ter acesso a novos mercados, expor produtos ou serviços em qualquer parte do planeta etc. Porém, nesse caso, esse componente é de grande importância, pois é por meio da escolha da tecnologia mais adequada ao tipo de empreendimento que a empresa terá acesso ao que há de melhor e mais vantajoso no mercado.

Ambiente interno:

- **Componente qualidade** – A escolha de bons parceiros de fornecimento de bens e serviços impacta na qualidade dos produtos da organização e, portanto, pode agregar ou não valor ao produto e/ou ao serviço.

- **Componente negociação** – Ao tratar da variável fornecedor, provavelmente uma das primeiras relações que se busca fazer com sucesso é a realização de uma boa negociação. Sendo assim, vale ressaltar a importância de ter conhecimento do mercado e de possuir pessoas bem preparadas para realizar a negociação.

- **Conhecimento do mercado** – Para obtermos sucesso em um mercado competitivo, é necessário conhecer esse mercado, suas facetas e seus *stakeholders* (interessados diretos e indiretos ao negócio). Para a formação de preço, dominar esse componente é de vital importância, pois, sem esse conhecimento, todo o processo se inicia de modo errado.

4.4 Variável concorrência

Tratar de formação de preço de produtos e serviços é versar sobre relações com o mercado, que, como sabemos, está cada vez mais competitivo e exigente. Não é possível apenas conhecer o mercado para chegar a uma boa composição de preço: é necessário conhecermos muito bem os concorrentes – o que produzem, em que inovam, quais são as suas dificuldades, seus sucessos. No Quadro 4.3, são apresentados alguns dos principais componentes da variável concorrência. Estes, como podemos perceber, são similares a outros já analisados nas outras variáveis descritas anteriormente.

Quadro 4.3 – Componentes da variável concorrência

Ambiente	Componentes da variável concorrência
Geral	Representatividade no mercado
	Fatores econômicos
	Produtos substitutos
	Barreiras de entrada
Operacional	Logística
	Tecnologia
Interno	Qualidade
	Inovação e criatividade
	Estrutura organizacional
	Políticas de recursos humanos

É necessário que cada um dos componentes seja analisado dentro da perspectiva concorrência e, para isso, apresentamos a seguir a descrição de cada um desses componentes:

Ambiente geral:

- **Componente representatividade no mercado** – Qual é a "força" da concorrência no mercado? Essa questão é bastante importante, pois pode revelar grandes oportunidades e, também, ameaças. Com base na análise desse componente, é possível definirmos estratégias de atuação no mercado.

- **Componente fatores financeiros** – A análise desse componente é relevante, pois por meio dela é possível identificarmos fatores importantes que influenciam diretamente nas relações com o mercado, como oferta de crédito, juros, consumo etc.

- **Componente produtos substitutos** – Identificar se há produtos substitutos aos da empresa é bastante importante, pois a existência ou não desse tipo de produto influencia diretamente na relação da empresa com o mercado, no posicionamento estratégico e nas mais diversas variáveis (mercadológicas, financeiras, entre outras).

- **Componente barreira de entrada** – É importante que se identifique a existência, ou não, de barreiras para a entrada de outras empresas no mercado de atuação da empresa. O ideal é que haja barreiras, pois, assim, a competição se torna mais difícil e o ambiente concorrencial se tornar mais estável.

Ambiente operacional:

- **Componente logística** – É necessária a identificação de quais são as caraterísticas de logística do cliente, já que esta influencia diretamente no preço, dependendo do modal utilizado para o recebimento e da distribuição dos produtos.

Ambiente interno:

- **Componente qualidade** – Os produtos do concorrente são considerados de melhor ou pior qualidade? Caso sejam de melhor qualidade, qual é o custo para podermos alcançá-lo? Se forem de qualidade inferior, qual é o custo para mantermos esses produtos distantes? Ao fazermos essas perguntas, estamos analisando os produtos do concorrente e contribuindo para aumentarmos a qualidade dos produtos da empresa. De qualquer forma, é necessário identificarmos qual é a condição para esse componente.

- **Componente inovação e criatividade** – Esses componentes são considerados os diferenciais das empresas contemporâneas. Portanto, é necessário identificarmos como o concorrente está em relação à criatividade e à inovação.

- **Componente estrutura organizacional** – Qual é a melhor estrutura para a empresa? Quais os pontos críticos dessa estrutura? Identificar esses pontos em relação a esse componente possibilita chegarmos a uma estrutura adequada e eficiente.

- **Componente políticas de recursos humanos** – Pessoas estimuladas são mais produtivas. Uma produção maior reflete em todos os quesitos importantes da organização. Portanto, analisar se as políticas estão sendo alcançadas é fundamental.

4.5 Variável organização

Para que se possa fechar o processo de análise das variáveis que influenciam na formação de preços dos produtos e serviços, deve-se chegar ao estágio de análise da própria organização, pois de nada adianta realizar uma avaliação minuciosa das variáveis anteriores se não se conhece a própria empresa.

O Quadro 4.4 apresenta os componentes da variável organização. Após esse quadro, serão analisados os componentes que são exclusivos dessa variável.

Quadro 4.4 – Componentes da variável organização

Ambiente	Componentes da variável cliente
Geral	Informações
	Legislação
	Confiabilidade
Operacional	Tecnologia
	Logística
Interno	Políticas de recursos humanos
	Estratégia
	Resultados
	Estrutura organizacional
	Inovação e criatividade
	Comunicação

Ambiente geral:

- **Componente informações** – Atualmente, o acesso à informação deixou de ser privilégio de poucos beneficiados e passou a ser cada vez mais abundante e irrestrito. Dessa forma, a boa gestão da informação é que tem um fator importante na busca pela vantagem competitiva sustentável, pois torna a informação uma forma de adquirir vantagem competitiva para a organização em relação à concorrência.

- **Componente legislação** – É necessário ter claro quais são as legislações que podem de alguma forma influenciar a empresa e as suas relações com o mercado.

- **Componente confiabilidade** – Esse componente é de suma importância, pois pode representar como o mercado enxerga a empresa e os seus produtos e serviços.

- **Componente estratégia** – Considerando que *estratégia* é, segundo Peter e Certo (2005, p. 3), "um processo contínuo e interativo que visa manter uma organização como um conjunto apropriadamente integrado a seu ambiente", podemos perceber a importância de conhecermos e analisarmos esse componente, pois pode facilitar ou condenar o alcance dos objetivos organizacionais.

4.6 Análise SWOT

Para uma melhor análise dos ambientes externo e interno das organizações, utilizamos uma ferramenta que é bastante descrita na literatura e, frequentemente, aplicada nas organizações: a análise SWOT. *SWOT* é a sigla formada, em inglês, de *Strenghts* (forças), *Weaknesses* (fraquezas), *Opportunities* (oportunidades) e *Threats* (ameaças).

Essa análise nos permite verificar o ambiente externo, de acordo com suas forças e fraquezas, e o ambiente interno, com suas oportunidades e ameaças, em relação às variáveis mercadológicas descritas neste capítulo.

Para uma melhor compreensão, a Figura 4.2 apresenta uma matriz de análise SWOT.

Figura 4.2 – Matriz de análise SWOT

	Ambiente interno	
	Forças	Fraquezas
	Oportunidades	Ameaças
	Ambiente externo	

Fonte: Adaptado de Martins et al., 2010.

A matriz SWOT deve ser feita para demonstrar a realidade do mercado no qual a empresa está inserida. Sugerimos que essa análise seja feita com as variáveis mercadológicas, considerando os componentes dessa variável em relação aos ambientes geral, operacional e interno. Por exemplo: fazer a matriz SWOT para analisar a empresa X quanto aos componentes que a impactam interna e externamente.

No Quadro 4.5 é apresentado um exemplo de análise SWOT.

Quadro 4.5 – Exemplo de análise SWOT para os fatores externos

Ambiente/variável/componente	Oportunidades	Ameaças
Ambiente geral/variável cliente		
Econômico	forte	
Social	moderada	
Legal		forte
Tendências	moderada	
Ambiente operacional/variável cliente		
Acessibilidade		forte
Perfil	fraca	

Para a interpretação, a utilização e a compreensão do exemplo de análise descrito no Quadro 4.5, utilizamos uma escala, que varia entre fraca, moderada e forte, para medir a intensidade de cada componente da variável cliente. Isso significa que, quando um componente está presente de forma incisiva (forte ou relevante), este é considerado de intensidade forte.

4.7 Composto de *marketing*

Após identificarmos as variáveis mercadológicas e os componentes que influenciam na formação de preços e analisarmos as forças, as fraquezas, as oportunidades e as ameaças de mercado por meio de uma análise SWOT, é importante verificarmos mais profundamente outros aspectos que podem de alguma maneira influenciar o sucesso da venda de um produto, além do preço.

Para disputar em um mercado competitivo, a empresa precisa analisar os consumidores, selecionar os mercados-alvo e utilizar as ferramentas disponíveis para satisfazer as necessidades do consumidor. Para que isso ocorra, a organização precisa buscar, acima de tudo, a elaboração de estratégias que se adaptem à posição e aos recursos da empresa perante os seus concorrentes e, depois, gerenciar e adaptar de maneira eficaz essas estratégias para as alterações do ambiente.

Com base nisso, estruturar um bom composto de *marketing* pode ser uma estratégia de vantagem competitiva para a empresa, pois, de acordo com Bernardi (2010), o programa tático e a estrutura empresarial é que irão viabilizar e operacionalizar as estratégias mercadológicas num mercado selecionado, além dos objetivos da empresa.

O composto de *marketing*, também conhecido por *mix de marketing*, é, de acordo com Kotler (2000, p. 97), "um conjunto de ferramentas que uma empresa utiliza para atingir seus objetivos de marketing" e, portanto, seu púbico-alvo.

Esse composto é formado por quatro variáveis – produto, preço, praça e promoção – e suas subdivisões, e tem por objetivo influenciar os canais comerciais e o consumidor final (Kotler; Keller, 2006). Essas variáveis também são conhecidas como os *4 Ps*:

- **Produto (ou serviço)** – É o que se oferece no mercado, levando em consideração todos os seus aspectos, sejam eles mensuráreis (tangíveis) ou não (intangíveis), como cor, *design*, marca, embalagem, sabor etc. Para Kotler (2000, p. 416), "Produto é algo que pode ser oferecido a um mercado para satisfazer uma necessidade ou desejo".

- **Preço** – É o que está relacionado com a política de venda: descontos, formas de pagamento, financiamento, prazos etc. Dessa forma, é a expressão monetária do bem ou serviço. Existem variáveis que os consumidores buscam ou comparam em um produto, como a qualidade, a quantidade, a assistência técnica, os serviços etc. O preço é, provavelmente, a variável mais fácil de ser comparada pelo consumidor no momento da compra, principalmente porque a qualidade, outra variável importante, só é percebida após a aquisição do produto ou serviço. Assim, o preço necessita ser determinado com maior probabilidade de acerto.

- **Praça (ou ponto de venda)** – É a variável que está relacionada à abrangência de locais da oferta do produto ou serviço, na qual este será encontrado para consumo. A praça ou a distribuição de um produto no mercado tem um importantíssimo papel no composto de *marketing*, pois é a partir da distribuição que o consumidor terá acesso à oferta do produto.

- **Promoção** – É o modo como o produto ou serviço será apresentado a quem tem a intenção de consumi-lo: comunicação, propaganda, força de vendas etc. É, portanto, a comunicação das informações entre quem vende e quem compra algo. Essa comunicação (promoção) não se limita a simplesmente informar o mercado acerca de um produto ou serviço; o que se pretende é desenvolver uma comunicação a fim de levar o consumidor a realmente adquirir o produto, satisfazendo a sua necessidade e maximizando o lucro da empresa.

A Figura 4.3 apresenta a composição de cada um dos 4 Ps, demonstrando as variáveis que podem influenciar na formação de cada um deles, além de mostrar a relação direta entre essas quatro variáveis e o mercado-alvo.

Figura 4.3 – Os 4 Ps do *marketing*

```
                          Mix de marketing

      Produto                                            Praça
      Variedade de produtos          Mercado-alvo        Canais
      Qualidade                                          Cobertura
      Design                                             Variedades
      Características                                    Locais
      Nome de marca                                      Estoque
      Embalagem                                          Transporte
      Tamanhos
      Serviços
      Garantias
      Devoluções

              Preço                          Promoção
              Preço de lista                 Promoção de vendas
              Descontos                      Propaganda
              Concessões                     Força de vendas
              Prazo de pagamento             Relações públicas
              Condições de financiamento     Marketing direto
```

Fonte: Adaptado de Kotler, 2006, p. 17.

Sendo assim, é possível percebermos que a análise do composto de *marketing*, por meio do entendimento dos 4 Ps, é bastante importante para a formação de preços dos produtos e dos serviços das empresas. A praça a promoção e o produto são fundamentais para a determinação do preço, pois estão diretamente relacionadas ao acerto ou erro no valor estabelecido para determinado produto ou serviço.

Síntese

Vários são os fatores que influenciam na formação de preço de produtos e serviços. Entre esses fatores, a análise das variáveis mercadológicas se faz presente e é de suma relevância, pois é preciso conhecer o mercado no qual a organização irá exercer esses preços.

As variáveis mercadológicas são classificadas em **clientes**, **concorrência**, **fornecedores** e **organização**. Para que estas estejam alinhadas ao mercado, é importante fazermos uma análise ambiental, levando em consideração a organização e as relações com os ambientes organizacionais nos quais ela interage. Estes são classificados em **geral**, **operacional** e **interno**.

Cada ambiente, de acordo com o tipo de organização, o mercado em que ela atua e a variável em questão, possui componentes específicos que devem ser analisados de acordo com a sua realidade e o grau de importância.

Vale ainda ressaltarmos que a percepção do composto de mercado e de outras questões como oportunidade, ameaças, forças e fraquezas também deve ser considerada para fins de análise e composição da formação de preços de produtos e serviços.

Estudo de caso

A empresa Moreninha

A empresa Moreninha Indústria e Comércio de Refeições Congeladas está no mercado há 8 anos, possui atualmente 50 empregados e tem um faturamento mensal de aproximadamente R$ 50 mil. A Moreninha, como é conhecida, surgiu de um sonho de Dona Teresa, que sempre foi muito elogiada nos almoços que fazia para a própria família, devido à habilidade culinária que possui. Nascida e criada até os 8 anos em Minas Gerais, Dona Teresa sempre cozinhou com um tempero bastante marcante da culinária do seu estado natal. Em 2003, um de seus filhos ficou desempregado e convidou-a para empreender um negócio próprio, pois ele recebeu o "acerto" da empresa em que trabalhou por quase 10 anos.

Surgiu, assim, o restaurante Moreninha, no Capão Raso, bairro de classe média da cidade de Curitiba, no qual era servido almoço de segunda a sábado no sistema de "bufê por quilo".

O restaurante iniciou as suas atividades com cinco pessoas: Dona Teresa, uma auxiliar de cozinha, o filho (Paulo), a nora (Sílvia) e uma auxiliar de serviços gerais. Dona Teresa era a responsável pela cozinha e pelas instruções dadas à auxiliar de cozinha, Paulo era o responsável pelo caixa e pelo atendimento aos clientes, Sílvia servia a clientela e a auxiliar de serviços gerais fazia a limpeza das mesas e do ambiente.

Os dois primeiros anos foram de grandes dificuldades, pois o local onde se localizava o restaurante era pequeno e não tinha capacidade para vender mais do que 80 refeições por dia. Assim, ao identificar o público que frequentava o restaurante – trabalhadores das empresas da região e famílias em que os pais trabalhavam fora e os filhos voltavam para almoçar em casa depois das aulas –, Paulo fez uma pesquisa informal com seus clientes para verificar se não tinham interesse em receber as refeições em casa, sem custo adicional para quem morasse ou trabalhasse até 2 km do restaurante. A pesquisa indicou que aproximadamente 60% de seus clientes aceitaram bem a ideia, os quais comprariam as refeições diretamente de suas casas e locais de trabalho. Nesse ponto, começou a "virada" da empresa.

Dois meses depois, em uma ação arriscada, Paulo financiou uma motocicleta e contratou mais um funcionário. Assim, Paulo se tornou o responsável pelas entregas das refeições e Sílvia passou a operar o caixa, a receber os pedidos por telefone e a recepcionar os clientes.

Em 3 meses, o número de refeições vendidas cresceu 40%, pois o tempero da Dona Teresa estava fazendo sucesso e a praticidade da entrega em domicílio teve dois reflexos diretos: liberou o restaurante para receber mais clientes e a fama da boa comida transcendeu as fronteiras das duas quadras ao redor do restaurante.

Certo dia, Sílvia recebeu um telefonema no qual um cliente queria fechar um contrato para que o restaurante servisse diariamente 80 refeições para os funcionários de uma empresa. Porém, esta ficava a mais de 2 km do restaurante. Apesar dos riscos, o restaurante decidiu aceitar a oferta do cliente.

Seis meses depois, o Moreninha já havia contratado mais uma auxiliar de cozinha, adquirido mais uma moto e contratado dois motoqueiros para fazer as entregas.

Depois de um tempo, Paulo percebeu outra oportunidade de negócio. Devido ao sucesso do tempero de Dona Teresa, à fartura das refeições, e a pedidos de alguns clientes que solicitavam que as refeições fossem fornecidas também aos domingos e enviadas em porções menores, Paulo levantou a seguinte questão: "Por que não tentar vender comida pronta e congelada?". Entretanto, Dona Teresa foi taxativa a esse respeito: "Não sei fazer comida congelada!".

Paulo foi pesquisar na internet. Acessou-a pelo seu computador novo, que adquiriu há pouco tempo para implantação de um programa de controle de estoques e de clientes, e encontrou no Senac (Serviço Nacional de Aprendizagem Comercial) um curso específico para o preparo de alimentos congelados. Resolveu, então, fazer uma surpresa para a mãe: inscreveu no curso uma das auxiliares de cozinha, ele, Sílvia e a própria Dona Teresa. Depois de muita resistência, todos aceitaram participar das aulas.

Após a conclusão do curso, obteve-se o seguinte resultado: atualmente, a empresa Moreninha mudou sua razão social para Indústria e Comércio de Refeições Congeladas e, ainda, mantém seu restaurante. Dona Tereza virou chefe de cozinha e ficou responsável por criar os pratos e controlar o tempero para que não se perca a característica da comida mineira.

A empresa Moreninha abriu outra unidade na Cidade Industrial de Curitiba (CIC), onde ocupa um barracão de aproximadamente 700 m². A organização, atualmente, possui em seu portfólio mais de 30 empresas e 500 clientes fixos e diversificou sua linha de produtos para cerca de 40 itens. Devido ao sucesso dos seus produtos, a Moreninha criou até um *slogan* publicitário: "Se você é solteiro ou casado, mora sozinho ou com a família, gosta de alimentos com tempero mineiro ou prefere um cardápio *light* ou *diet*, a Moreninha vai atender à sua necessidade".

Atualmente, a empresa estuda o desenvolvimento de uma linha de sobremesas para adolescentes e a parceria com um representante comercial em Santa Catarina e em Ponta Grossa, no Paraná.

Questões sobre o caso da empresa Moreninha

1. Com base na história de crescimento e de sucesso da empresa Moreninha, assinale a alternativa que apresenta as variáveis mercadológicas que influenciaram na formação de preço dos produtos da empresa. Justifique sua resposta.

    a) Cliente, fornecedor, concorrência e organização.

    b) Cliente e fornecedor.

    c) Cliente, concorrência e organização.

    d) Fornecedor e concorrência.

    e) Cliente e organização.

2. Assinale a alternativa que apresenta os componentes da variável cliente que mais influenciaram na formação de preços dos produtos da empresa Moreninha.

   a) Econômico, social, legal, tendências e acessibilidade.
   b) Perfil e comunicação.
   c) Comunicação, colaboradores, lideranças, cultura organizacional e comunicação interna.
   d) Econômico, social, tendências e acessibilidade.
   e) Econômico e social.

3. No estudo de caso analisado, foi importante a capacitação de todos os funcionários da empresa? Justifique sua resposta.

4. Em relação à empresa Moreninha, foi importante a percepção do ambiente geral? Justifique sua resposta.

5. Conforme o estudo de caso apresentado, em relação à organização, quais componentes dessa variável você levaria em consideração na sua análise de mercado?

Questões para revisão

1. Quais são as principais características da variável mercadológica na precificação de bens e serviços?

2. Quais são as variáveis mercadológicas que podem influenciar na formação de preços dos produtos e serviços de uma empresa?

3. É correto afirmar que todas as empresas recebem as influências de todas as variáveis na mesma intensidade? Justifique sua resposta.

4. Na empresa em que você atua, quais são as principais variáveis que influenciam na formação de preços dos produtos ou serviços? Quais são os componentes dessas variáveis?

5. Qual é a relação existente entre as variáveis mercadológicas influenciadoras na formação de preço e o mercado?

6. Considerando as variáreis mercadológicas, podemos verificar que elas são: (Justifique sua resposta.)

    a) conectadas.

    b) não conectadas.

    c) semiconectadas.

    d) interconectadas.

7. Com base na análise de ambiente, mais especificamente na análise SWOT, assinale a alternativa que apresenta a sequência correta:

    (1) Ambiente interno

    (2) Ambiente externo

    ( )   Forças

    ( )   Ameaças

    ( )   Fraquezas

    ( )   Oportunidades

    a) 1, 1, 2, 1.

    b) 2, 1, 2, 2.

    c) 1, 2, 1, 2.

    d) 2, 2, 1, 1.

8. Considerando a variável organização, qual componente **não** faz parte dela?

    a) Estratégia.

    b) Comunicação.

    c) Confiabilidade.

    d) Espionagem.

9. Em relação ao composto de *marketing*, assinale a alternativa que descreve os 4 Ps:

    a) Preço, produto, praça e prestígio.

    b) Preço, praça, produto e promoção.

    c) Preço, praça, profissionalismo e promoção.

    d) Preço, promoção, produção e praça.

10. As ações do governo podem ser consideradas influenciadoras de qual(is) ambiente(s) organizacional(is)?

a) Interno.

b) Operacional.

c) Geral.

d) Interno, operacional e geral.

Para saber mais

Os profissionais, os pesquisadores e os estudantes que desejam saber mais sobre as variáveis mercadológicas e sua influência sobre a formação de preços podem consultar as seguintes obras:

Bernardi, L. A. **Manual de formação de preços**: políticas, estratégias e fundamentos. 4. ed. São Paulo: Atlas, 2010.

Kotler, P.; Keller, K. L. **Administração de marketing**. 12. ed. São Paulo: Prentice Hall, 2006.

Martins, T. S. et al. **Incrementando a estratégia**: uma abordagem de BSC. Curitiba: Ibpex, 2010. (Série Administração Estratégica).

Peter, J. P.; Certo, S. C. **Administração estratégica**: planejamento e implantação da estratégia. 2. ed. São Paulo: Pearson, 2005.

Solomom, M. R. **O comportamento do consumidor**: comprando, possuindo e sendo. 7. ed. São Paulo: Bookman, 2008.

Variáveis societárias e tributárias 5

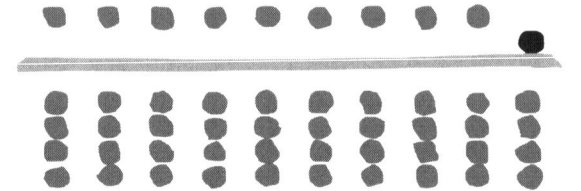

Conteúdos do capítulo:

- Contexto geral das variáveis societárias e tributárias no Brasil;
- Entendimento dos regimes tributários brasileiros;
- Entendimento do impacto dos regimes tributários na formação de preços em relações comerciais entre empresas.

Após o estudo deste capítulo, você será capaz de:

- identificar os principais enquadramentos tributários das empresas brasileiras;
- identificar os principais impactos tributários na formação de preços em transações comerciais entre empresas.

5.1 Contexto geral das variáveis societárias e tributárias

O entendimento das variáveis societárias e tributárias relacionadas à formação do preço de vendas é importante para a compreensão da formação de preço entre entidades jurídicas. O objetivo principal deste capítulo é apresentar as variáveis a serem observadas em precificações quando as transações ocorrem exclusivamente entre empresas, não devendo essas variáveis ser observadas em relações entre empresas e consumidores finais, conforme representado na Figura 5.1.

Figura 5.1 – Relação entre empresas e consumidor final

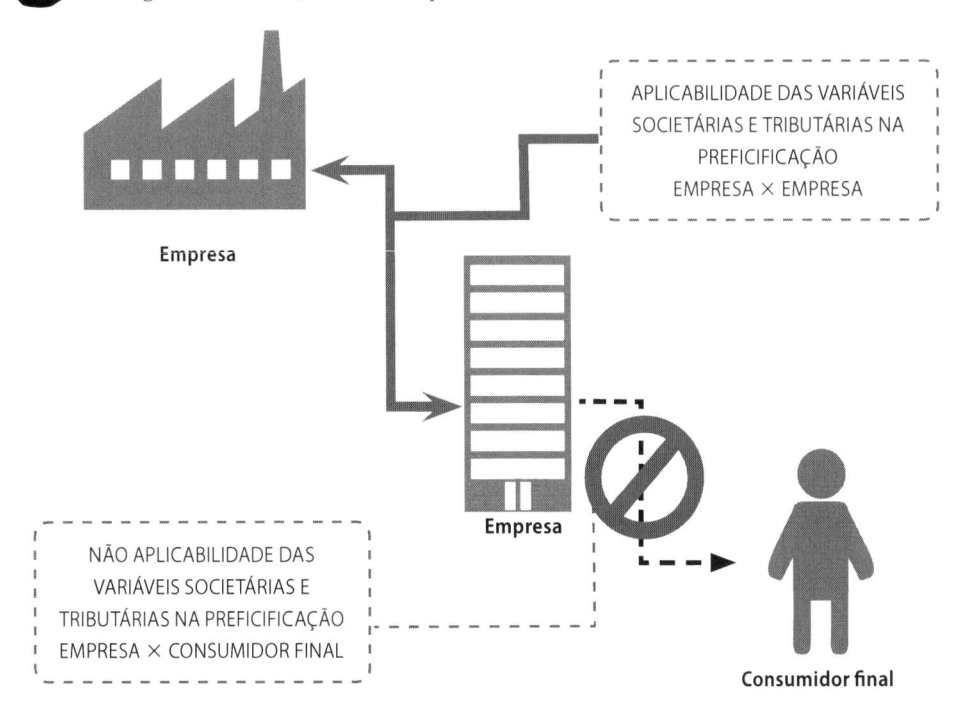

APLICABILIDADE DAS VARIÁVEIS SOCIETÁRIAS E TRIBUTÁRIAS NA PREFICIFICAÇÃO EMPRESA × EMPRESA

Empresa

Empresa

NÃO APLICABILIDADE DAS VARIÁVEIS SOCIETÁRIAS E TRIBUTÁRIAS NA PREFICIFICAÇÃO EMPRESA × CONSUMIDOR FINAL

Consumidor final

Nesse sentido, compreender as especificidades das opções societárias e tributárias no contexto brasileiro é um dos principais desafios dos gestores na atualidade, haja vista a complexidade e a dinamicidade legal.

> **Pergunta e resposta:**
>
> **Quais os principais "enquadramentos" tributários a serem analisados pelos gestores no Brasil?**
>
> Os regimes de tributação do Lucro Real, do Lucro Presumido e do Simples Nacional.

Por meio de três "enquadramentos" possíveis, as empresas brasileiras ficam sujeitas a regras diferenciadas de gestão tributária. Nesse sentido, compreender o impacto de cada regime tributário na formação de preços é o principal objetivo deste capítulo. De uma forma geral, apresentamos cada uma dessas classificações e suas respectivas variáveis.

5.1.1 Regime tributário do Lucro Real

O regime tributário do Lucro Real é a mais complexa forma de tributação destinada, em geral, a empresas de grande porte. Esse regime tem como principal objetivo apurar o lucro da empresa, deduzindo das receitas o total de todos os gastos relacionados aos custos e às despesas, além de ressaltar os ajustes permitidos pela legislação fiscal. É considerado Lucro Real o **lucro líquido do período**, ajustado pelas adições, exclusões e compensações prescritas em lei, conforme a equação a seguir:

> **LUCRO REAL = Lucro líquido + Adições − Exclusões (+/−) Compensações**

Estão obrigadas a essa modalidade as empresas enquadradas nas seguintes situações, conforme a Lei nº 9.718, de 27 de novembro de 1998, em seu art. 14 (Brasil, 1998, grifo nosso):

I – cuja receita total, no **ano-calendário anterior**, seja **superior** ao limite de R$ 48.000.000,00 (quarenta e oito milhões de reais), [...] [ou a R$ 4.000.000,00 (quatro milhões de reais) multiplicados pelo número de meses de atividade do ano-calendário anterior], quando inferior a 12 (doze) meses;

II – cujas atividades sejam de bancos comerciais, bancos de investimentos, bancos de desenvolvimento, caixas econômicas, sociedades de crédito, financiamento e investimento, sociedades de crédito imobiliário, sociedades corretoras de títulos, valores mobiliários e câmbio, distribuidora de títulos e valores mobiliários, empresas de arrendamento mercantil, cooperativas de crédito, empresas de seguros privados e de capitalização e entidades de previdência privada aberta;

III – que tiverem lucros, rendimentos ou ganhos de capital oriundos do exterior;

IV – que, autorizadas pela legislação tributária, usufruam de benefícios fiscais relativos à isenção ou redução do imposto;

V – que, no decorrer do ano-calendário, tenham efetuado pagamento mensal pelo regime de estimativa, na forma do art. 2 da Lei 9.430/1996;

VI – que explorem as atividades de prestação cumulativa e contínua de serviços de assessoria creditícia, mercadológica, gestão de crédito, seleção e riscos, administração de contas a pagar e a receber, compras de direitos creditórios resultantes de vendas mercantis a prazo ou de prestação de serviços (*factoring*).

O regime do lucro real ainda pode ser declarado como uma opção por parte da empresa, mesmo que esta não seja obrigada a apurar seus tributos por essa modalidade. Tal opção dar-se-á quando a escolha pelo Lucro Real (assim como pelo Lucro Presumido) for favorável financeiramente para a empresa, pois, por meio dessa modalidade, é possível realizar aproveitamentos tributários através de relações de **créditos** (chamados de *créditos tributários*) dos principais impostos brasileiros (Imposto sobre Circulação de Mercadorias – ICMS, Imposto sobre Produtos Industrializados – IPI, Programa de Integração Social – PIS e Contribuição para o Financiamento da Seguridade Social – Cofins).

Esses aproveitamentos dependem do enquadramento tributário da empresa da origem dos insumos adquiridos ou vendidos, pois caso uma empresa do Lucro Real se apresente como empresa **vendedora** em uma determinada relação comercial, essa relação possibilitará o aproveitamento pleno dos tributos (ICMS, IPI, PIS e Cofins), desde que a empresa **compradora** também esteja enquadrada no Lucro Real. Caso a empresa compradora seja regida pelo Lucro Presumido, é possível o aproveitamento de quase todos os tributos, exceto o PIS e o Cofins. Caso esteja enquadrada no Simples Nacional, a empresa que compra não pode ter aproveitamento tributário, conforme apresentado na Figura 5.2 (*vide* situações específicas de cada estado).

Figura 5.2 – Relações comerciais

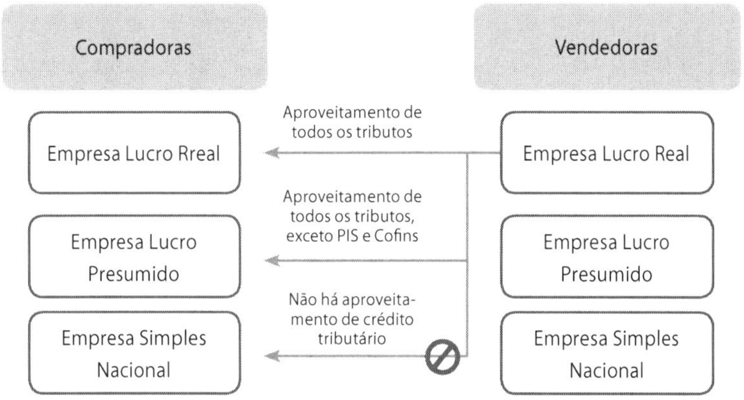

Compradoras		Vendedoras
Empresa Lucro Rreal	← Aproveitamento de todos os tributos	Empresa Lucro Real
Empresa Lucro Presumido	← Aproveitamento de todos os tributos, exceto PIS e Cofins	Empresa Lucro Presumido
Empresa Simples Nacional	← Não há aproveitamento de crédito tributário 🚫	Empresa Simples Nacional

Ao posicionarmos a empresa enquadrada no Lucro Real como **compradora**, as combinações possíveis estabelecem um novo cenário. Assim como na situação anterior, no caso de a empresa **vendedora** ser enquadrada no Lucro Real, é possível aproveitarmos todos os créditos tributários. Caso a esteja enquadrada no Lucro Presumido, é possível o aproveitamento tributário de quase todos os tributos, exceto o PIS e o Cofins. Por fim, caso a empresa **vendedora** se apresente enquadrada no Simples Nacional, é possível o aproveitamento de quase todos os tributos, exceto o IPI (*vide* regulamento de ICMS de cada estado). Observe os casos apresentados na Figura 5.3.

Figura 5.3 – Relações comerciais

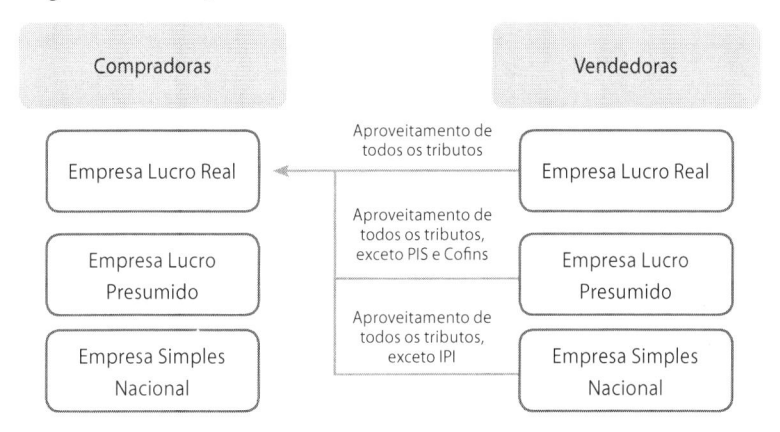

Compradoras		Vendedoras
Empresa Lucro Real	← Aproveitamento de todos os tributos	Empresa Lucro Real
Empresa Lucro Presumido	Aproveitamento de todos os tributos, exceto PIS e Cofins	Empresa Lucro Presumido
Empresa Simples Nacional	Aproveitamento de todos os tributos, exceto IPI	Empresa Simples Nacional

5.1.2 Regime tributário do Lucro Presumido

O Lucro Presumido é uma maneira mais simplificada de tributação do Imposto de Renda (IR) e da contribuição social. Nessa modalidade, a tributação é realizada mediante a aplicação de um percentual sobre a receita bruta da empresa. Sobre esse percentual, calcula-se o IR e a contribuição social, conforme a equação apresentada a seguir:

$$\text{Lucro Presumido} = \text{Receita bruta} \times X\%$$

Podem optar pelo regime presumido as empresas não obrigadas pelo Lucro Real e cuja receita bruta total não ultrapasse os R$ 48 milhões ou o limite proporcional de R$ 4 milhões mensais (Brasil, 2002).

Da mesma maneira que no Lucro Real, no Lucro Presumido é possível realizar aproveitamentos tributários por meio de relações de créditos de alguns dos principais impostos brasileiros (ICMS e IPI). Além disso, o aproveitamento tributário depende da classificação tributária da empresa de origem dos insumos adquiridos ou vendidos, pois, caso uma empresa do Lucro Presumido se apresente como **vendedora** em determinada relação comercial, essa relação possibilitará o aproveitamento pleno dos tributos

(ICMS, IPI, PIS e Cofins) – desde que a empresa **compradora** também seja do Lucro Presumido (*vide* situações específicas). Caso a relação comercial ocorra com uma empresa regida pelo Lucro Real como **compradora**, é possível o aproveitamento de quase todos os tributos, exceto o PIS e o Cofins (*vide* situações específicas). Já no caso de a empresa compradora ser enquadrada no Simples Nacional, essa organização não poderá ter aproveitamento tributário, conforme os casos gerais apresentados na Figura 5.4.

Figura 5.4 – Relações comerciais

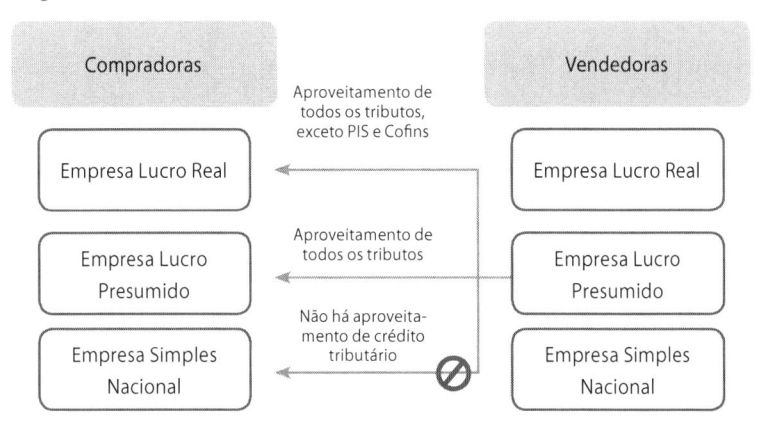

Compradoras		Vendedoras
Empresa Lucro Real	← Aproveitamento de todos os tributos, exceto PIS e Cofins	Empresa Lucro Real
Empresa Lucro Presumido	← Aproveitamento de todos os tributos	Empresa Lucro Presumido
Empresa Simples Nacional	← Não há aproveitamento de crédito tributário ⊘	Empresa Simples Nacional

Ao posicionarmos a empresa enquadrada no Lucro Presumido como empresa **compradora**, no caso de a empresa **vendedora** ser enquadrada no Lucro Real, é possível aproveitar quase todos os créditos tributários, exceto o PIS e o Cofins. Caso a empresa **vendedora** esteja enquadrada no Lucro Presumido, é possível o aproveitamento tributário de todos os tributos. Por fim, caso a empresa **vendedora** se apresente enquadrada no Simples Nacional, é possível o aproveitamento apenas do ICMS (*vide* situações específicas). Observe os casos apresentados na Figura 5.5.

Figura 5.5 – Relações comerciais

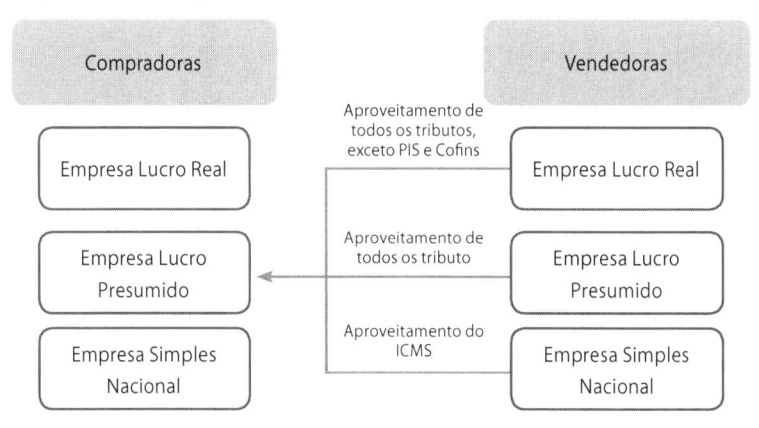

Compradoras		Vendedoras
Empresa Lucro Real		Empresa Lucro Real
Empresa Lucro Presumido	← Aproveitamento de todos os tributos, exceto PIS e Cofins	Empresa Lucro Presumido
Empresa Simples Nacional	← Aproveitamento de todos os tributo / Aproveitamento do ICMS	Empresa Simples Nacional

5.1.3 Regime tributário do Simples Nacional

Com o objetivo de atender às microempresas e às empresas de pequeno porte, o regime do Simples Nacional estabelece normas gerais de arrecadação diferenciada, por meio de um regime único de arrecadação, incluindo as obrigações acessórias no âmbito da União, dos estados e dos municípios.

Nesse sentido, é permitida a opção pela forma de tributação Simples às empresas de pequeno porte e microempresas que observem as seguintes regras gerais, conforme a Lei Complementar nº 123, de 14 de dezembro de 2006, art. 3º (**atentar-se para a possível atualização da lei**):

> I – no caso das microempresas, o empresário, a pessoa jurídica, ou a ela equiparada, aufira, em cada ano-calendário, receita bruta igual ou inferior a R$ 240.000,00 (duzentos e quarenta mil reais);
>
> II – no caso das empresas de pequeno porte, o empresário, a pessoa jurídica, ou a ela equiparada, aufira, em cada ano-calendário, receita bruta superior a R$ 240.000,00 (duzentos e quarenta mil reais) e igual ou inferior a R$ 2.400.000,00 (dois milhões e quatrocentos mil reais). (Brasil, 2006)

Devemos observar que existem várias restrições, em geral relacionadas à atividade principal exercida pela organização, acerca da opção do Simples Nacional por parte da empresa (*vide* legislação atualizada).

Assim como nos demais regimes, o aproveitamento dos créditos pelo Simples Nacional depende do enquadramento tributário da empresa de origem dos insumos adquiridos ou vendidos, pois, caso uma empresa enquadrada no Simples Nacional se apresente como empresa **vendedora** em determinada relação comercial, essa relação possibilitará o aproveitamento de quase todos os tributos, exceto o IPI, desde que a empresa **compradora** seja enquadrada no Lucro Real. Caso a relação comercial ocorra com uma empresa regida pelo Lucro Presumido como **compradora**, é possível o aproveitamento do ICMS. Já no caso de a empresa compradora ser enquadrada no Simples Nacional, ela não pode ter aproveitamento tributário, conforme apresentamos na Figura 5.6.

Figura 5.6 – Relações comerciais

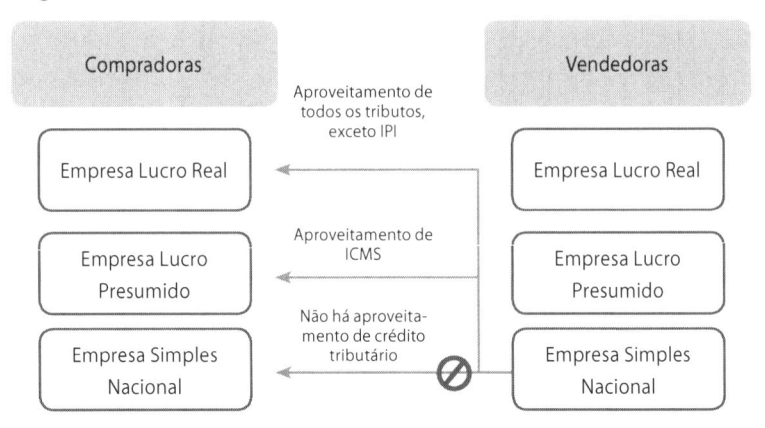

Compradoras		Vendedoras
Empresa Lucro Real	← Aproveitamento de todos os tributos, exceto IPI	Empresa Lucro Real
Empresa Lucro Presumido	← Aproveitamento de ICMS	Empresa Lucro Presumido
Empresa Simples Nacional	⊘ Não há aproveitamento de crédito tributário	Empresa Simples Nacional

Ao posicionarmos a empresa enquadrada no Simples Nacional como empresa **compradora**, ela não terá direito ao aproveitamento tributário em nenhuma das hipóteses. Observe o caso apresentado na Figura 5.7.

Figura 5.7 – Relações comerciais

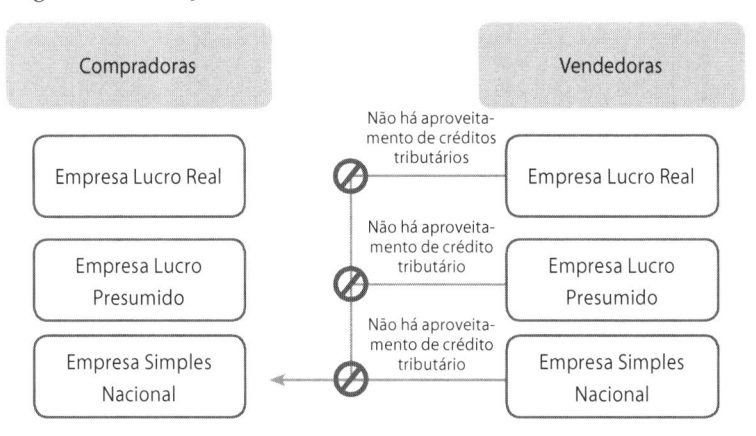

Compradoras		Vendedoras
Empresa Lucro Real	⊘ Não há aproveitamento de créditos tributários	Empresa Lucro Real
Empresa Lucro Presumido	⊘ Não há aproveitamento de crédito tributário	Empresa Lucro Presumido
Empresa Simples Nacional	⊘ Não há aproveitamento de crédito tributário	Empresa Simples Nacional

Observação: Vale lembrarmos que as regras apresentadas para os três enquadramentos tributários e suas especificidades devem ser analisadas caso a caso, tendo apenas sido vistas de forma geral neste capítulo. Por isso, indicamos a realização de uma pesquisa específica à legislação atual de cada negócio.

5.2 Aplicabilidade das variáveis societárias e tributárias na precificação

Após o conhecimento dos aspectos gerais de cada um dos enquadramentos tributários possíveis e de suas relações de compra e venda, é importante compreendermos o impacto desses eventos na formação de preços.

Nesse sentido, a primeira perspectiva a ser avaliada, conforme comentado no início deste capítulo, é a de que as variáveis societárias e tributárias consideradas levam em conta apenas as transações comerciais entre empresas, excluindo-se a "figura" do consumidor final. Além dessa primeira e importante lembrança, a questão que se apresenta é:

> *Como o enquadramento tributário das empresas pode influenciar os preços de venda dos produtos e serviços?*

Eis que a essa altura dos estudos a resposta é evidente, porém complexa, pois o enquadramento tributário das empresas envolvidas em uma transação comercial deve ser considerado à medida que determinados insumos – oriundos de empresas com determinados enquadramentos tributários –, apresentam como benefício ao comprador o aproveitamento do crédito tributário. Esse crédito deve ser gerido sobre percentuais interessantíssimos aos administradores, pois ele tem uma relevante representação nos preços praticados no mercado. Assim, as empresas cujo aproveitamento tributário não é permitido ao seu cliente, devem concorrer por meio da baixa de seus preços, para que seja possível apresentar um benefício equivalente ao aproveitamento tributário aos seus clientes.

Pergunta e resposta:

Além de analisar o enquadramento tributário das empresas, é necessário entender das práticas tributárias de cada estado?

Sim. Além de compreender as variáveis tributárias e societárias, é fundamental a atualização sobre as práticas tributárias de cada estado, pois cada um elabora uma tributação diferente.

Desse modo, em transações comerciais entre empresas, as principais variáveis a serem observadas pelos gestores são as societárias e as tributárias, levando-se em conta o enquadramento tributário e o estado onde a empresa está localizada.

A análise dos créditos passíveis de aproveitamento por estado só pode ser considerada em impostos cuja deliberação é estadual, assim como o ICMS, que é o principal tributo brasileiro vinculado à circulação de bens e serviços.

Dessa forma, três principais desafios relacionados ao entendimento das variáveis societárias e tributárias de preços devem ser observados pelos gestores em transações entre empresas:

1. Identificar a estrutura societária e tributária de fornecedores e clientes.
2. Identificar os benefícios apresentados pelos estados e o Distrito Federal com relação aos tributos de esfera estadual.
3. Compreender que a concorrência, em relação ao preço, entre empresas corresponde a uma importante variável de precificação

Síntese

Compreender o contexto geral das variáveis societárias e tributárias é extremamente valoroso no mercado, além de raro, haja vista a emergente necessidade de as empresas gerirem bem as suas relações comerciais, procurando gerar economia e agregar valor com base em estratégias de compra e venda que possibilitem competir no mercado e formar seus preços com base em variáveis relevantes. Nesse sentido, o entendimento das estruturas societárias possíveis no Brasil, e dos respectivos impactos tributários, possibilita às empresas formadoras de preços de vendas compreenderem que, além do entendimento das variáveis comuns a qualquer outro mercado, é de extrema importância a flexibilidade de preços necessária para estabelecer concorrências nos mais variados mercados brasileiros.

Estudo de caso

A empresa Igorlhes e Froes

A empresa Igorlhes e Froes Soluções – Indústria e Comércio, enquadrada no Lucro Real e localizada no Estado do Rio Grande do Sul, compra grande parte dos seus insumos de empresas localizadas nos Estados da Bahia e do Tocantins, conforme apresentado na Figura 5.8.

Figura 5.9 – Relações comerciais e distribuição geográfica

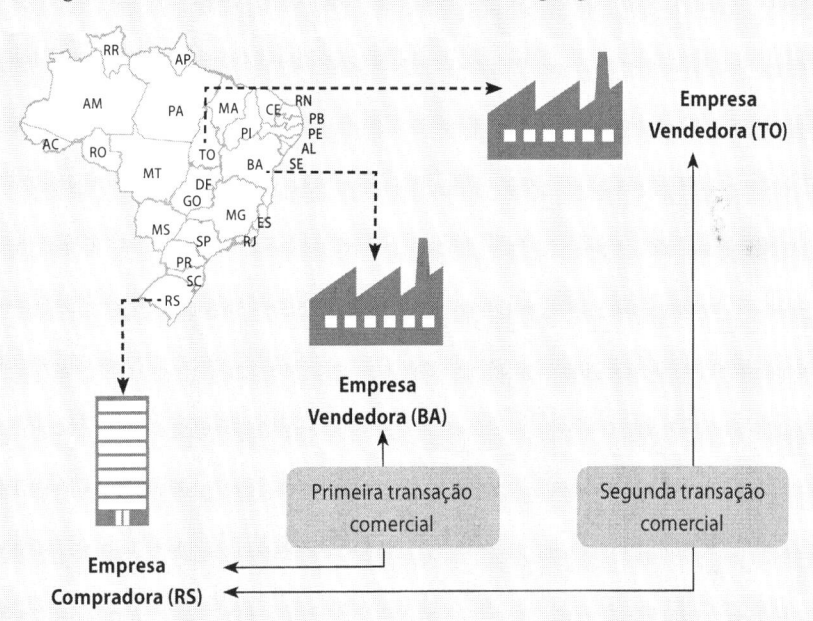

Ao observarmos uma das transações comerciais realizadas entre a Igorlhes e Froes e um de seus fornecedores, aqui denominado de *empresa vendedora Tati* (primeira transação comercial), cuja localização encontra-se no Estado da Bahia, identificamos os seguintes dados:

- Valor da compra: R$ 10 mil.
- Crédito de ICMS do Estado da Bahia para o Estado do Rio Grande do Sul: 17%[1].
- Aproveitamento tributário de ICMS entre as empresas: 100%.

[1] Percentual meramente ilustrativo. Para situações específicas, é necessária a consulta à legislação atualizada.

Em outra transação comercial, realizada com a empresa vendedora Tamini, localizada no Estado do Tocantins, os seguintes dados foram identificados:

- Valor da compra: R$ 9.700,00.
- Crédito de ICMS do Estado da Bahia para o Estado do Rio Grande do Sul: 12%[2].
- Aproveitamento tributário de ICMS entre as empresas: 100%.

Com base nos dados apresentados, sugerimos a análise criteriosa de cada uma das transações para responder às questões a respeito do estudo de caso.

Questões sobre o estudo de caso da empresa Igorlhes e Froes

1. Considerando que os custos de transporte e de seguros foram equivalentes em ambos os fornecedores (Tati e Tamini) e com base nos dados apresentados no caso, qual das duas transações comerciais foi a mais favorável para a Igorlhes e Froes? Por quê?

2. Considerando que a transação cuja viabilidade financeira que se apresentou desfavorável para a Igorlhes e Froes não será repetida futuramente, qual o preço de venda que deve ser considerado pela empresa perdedora para que seus preços possam concorrer com igualdade nas transações com a Igorlhes e Froes?

Questões para revisão

1. Quais são os principais impactos das variáveis societárias e tributárias na formação de preços entre transações comerciais entre empresas?

2. Quais são os enquadramentos tributários possíveis para as empresas brasileiras?

3. Quais são os três principais desafios relacionados ao entendimento das variáveis societárias e tributárias que devem ser observados pelos gestores de preços em transações entre empresas?

[2] Percentual meramente ilustrativo. Para situações específicas, é necessária a consulta à legislação atualizada.

4. "Trata-se de uma forma mais simplificada de tributação do Imposto de Renda e da contribuição social. Nessa modalidade, a tributação é realizada mediante a aplicação de um percentual sobre a receita bruta da empresa e sobre esse percentual calcula-se o Imposto de Renda e a contribuição social". Esse trecho corresponde ao conceito de:

a) regime tributário do Lucro Presumido.

b) regime tributário do Lucro Real.

c) regime tributário do Simples Nacional.

d) regime tributário do Lucro Parcial.

5. Assinale a alternativa correta que completa as lacunas do conceito apresentado a seguir:

> O _____ é a mais complexa forma de tributação destinada, em geral, a empresas de grande porte. Esse regime do _____ tem como principal objetivo apurar o lucro da empresa, deduzindo do faturamento total todos os gastos relacionados aos seus custos e às suas despesas, além de ressaltar os ajustes permitidos pela legislação fiscal. É considerado _____ o lucro líquido do período, ajustado pelas adições e exclusões prescritas em lei.

a) regime tributário do Lucro Presumido, Lucro Real, Simples Nacional.

b) regime tributário do Lucro Real, Lucro Real, Lucro Real.

c) regime tributário do Simples Nacional, Simples Nacional, Simples Nacional.

d) regime tributário do Lucro Presumido, Simples Nacional, Lucro Real.

6. Assinale a alternativa correta que corresponde ao conceito apresentado a seguir:

> "Tem o objetivo de atender às microempresas e às empresas de pequeno porte, estabelecendo normas gerais de arrecadação diferenciada por meio de um regime único de arrecadação, incluindo as obrigações acessórias no âmbito da União, dos estados e dos municípios".

a) regime tributário do Lucro Presumido.
b) regime tributário do Lucro Real.
c) regime tributário do Simples Nacional.
d) regime tributário do Lucro Simples.

Para saber mais

Os profissionais, os pesquisadores e os estudantes que desejarem saber mais sobre as variáveis societárias e tributárias podem consultar as seguintes obras:

CRUZ, J. A. W.; ANDRICH, E. G.; SCHIER, C. U. da C. **Contabilidade introdutória descomplicada**. 4. ed. rev. e atual. Curitiba: Juruá, 2011.

FABRETTI, L. C. **Contabilidade tributária**. 11. ed. rev. e atual. São Paulo: Atlas, 2009.

SOUZA, L. E.; KULPA, L.; DUBOIS, A. **Gestão de custos e formação de preços**: conceitos, modelos e instrumentos. 3. ed. São Paulo: Atlas, 2009.

Para concluir...

A compreensão das reais perspectivas práticas da formação de preços de vendas de produtos e serviços é um dos principais desafios das empresas contemporâneas. Nesse sentido, conforme abordamos neste livro, devemos, inicialmente, mapear as especificações técnicas, financeiras e comerciais envolvidas na formação de preços da empresa, as quais nos possibilitam a identificação das variáveis acerca do bem ou serviço a ser precificado. Essas variáveis podem ser o ramo, o segmento, as características técnicas, a durabilidade efetiva e o tempo de garantia, o público-alvo que o bem ou o serviço pretende ou atinge, o tempo de execução média (em caso de serviços), as especificidades jurídicas do bem ou serviço, a funcionalidade geral do produto ou serviço, a necessidade atendida, a relação de oferta e demanda, entre outras.

Tal mapeamento possibilita identificarmos os principais pontos fortes e fracos, a fim de gerarmos informações para a operacionalização da segunda etapa, que é a identificação das variáveis de análise. Nesse sentido, vale destacar que a correta identificação das variáveis de precificação de um produto ou serviço é uma das principais etapas de sucesso ou insucesso do processo de formação do preço. Para isso, sugerimos a utilização da matriz de relação entre variáveis e produtos, que possibilita relacionar as variáveis e seus respectivos impactos com o produto ou serviço a ser precificado.

Entre as principais variáveis aplicadas à grande maioria dos bens e serviços, destacamos as seguintes: as econômicas, as de custos, as mercadológicas, as societárias e as tributárias.

Após o entendimento e a identificação das variáveis a serem analisadas, a terceira etapa do processo de precificação sugere um método de análise e de estabelecimento dos preços a serem praticados. Para efetivar tal análise, sugerimos a utilização da matriz de identificação de variáveis por meio do estabelecimento de relações de impacto em cada relacionamento entre produto ou serviço com a respectiva variável. Nesse caso, cada produto ou serviço deve ser analisado isoladamente numa primeira etapa e, depois, deve-se analisar todo o *mix* da empresa, pois, eventualmente, um produto ou serviço pode ser desvantajoso individualmente; no entanto, sua comercialização conjunta pode oferecer vantagem econômica e mercadológica à transação.

Por fim, chegamos à última etapa, que representa a consequência da boa operacionalização das três etapas anteriores e possibilita a compreensão do ambiente de precificação em cada um dos mercados, observando suas especificidades relacionadas ao ambiente interno e externo à organização. Assim, vale ressaltar que o processo de formação de preços é, geralmente, um processo dinâmico e complexo, sugerindo uma relação operacional cíclica que deve compreender as principais características de cada mercado.

Referências

BERNARDI, L. A. **Manual de formação de preços**: políticas, estratégias e fundamento. 3. ed, São Paulo: Atlas, 2007.

_____. **Manual de formação de preços**: políticas, estratégias e fundamentos. 4. ed. São Paulo: Atlas, 2010.

BRASIL. Lei n. 8.078, de 11 de setembro de 1990. **Diário Oficial da União**, Poder Legislativo, Brasília, DF, 12 set. 1990. Disponível em: <http://www.planalto.gov.br/ccivil_03/leis/l8078.htm>. Acesso em: 04 ago. 2011.

_____. BRASIL. Lei n. 9.718, de 27 de novembro de 1998. **Diário Oficial da União**, Poder Legislativo, Brasília, DF, 28 nov. 1998. Disponível em: <http://www.planalto.gov.br/ccivil_03/leis/l9718.htm>. Acesso em: 04 ago. 2011.

_____. Lei n. 10.637, de 30 de dezembro de 2002. **Diário Oficial da União**, Poder Legislativo, Brasília, DF, 31 dez. 2002. Disponível em: <http://www.planalto.gov.br/ccivil_03/leis/2002/l10637.htm>. Acesso em: 04 ago. 2011.

_____. Lei Complementar n. 123, de 14 de dezembro de 2006. **Diário Oficial da União**, Poder Legislativo, Brasília, DF, 15 dez. 2006. Disponível em: <http://www.planalto.gov.br/ccivil_03/leis/lcp/lcp123.htm>. Acesso em: 04 ago. 2011.

CRUZ, J. A. W. **Gestão de custos**: perspectivas e funcionalidades. Curitiba: Ibpex, 2011a. (Série Gestão Financeira).

Cruz, J. A. W. **Métodos de custeio**. Material complementar para leitura. Disponível em: <http://junecruz.com/aulas_mp3/31141647ca5c5dd37b22feff5c0a5d9d.pdf>. Acesso em: 13 jul. 2011b.

Cruz, J. A. W.; Andrich, E. G.; Schier, C. U. da C. **Contabilidade introdutória descomplicada**. 4. ed. rev. e atual. Curitiba: Juruá, 2011.

Kotler, P. **Administração de marketing**. 10. ed. São Paulo: Prentice Hall, 2000.

Kotler, P.; Keller, K. L. **Administração de marketing**. 12. ed. São Paulo: Prentice Hall, 2006.

Laux, G. **Mercado de crédito no Brasil**: características e respostas a choques. 90 f. Dissertação (Mestrado em Economia) – Fundação Getulio Vargas, São Paulo, 2006. Disponível em: <http://bibliotecadigital.fgv.br/dspace/bitstream/handle/10438/1815/GuilhermeLaux2006.pdf?sequence=3>. Acesso em: 12 jul. 2011.

Leão, N. S. **Formação de preços de produtos e serviços**. São Paulo: Nobel, 2008.

Lemos, R. G. F. de; Leitão, L. T. **Fatores críticos de sucesso na gestão estratégica de preços no varejo**: estudo comparativo das técnicas Hilo e EDLP. 2009. 111 f. Monografia (Graduação em Engenharia de Produção) – Universidade do Estado do Rio de Janeiro, Rio de Janeiro, 2009.

Martins, T. S. et al. **Incrementando a estratégia**: uma abordagem de BSC. Curitiba: Ibpex, 2010.

Mendes, J. T. G. **Economia**: fundamentos e aplicações. São Paulo: Prentice Hall, 2004.

Peter, J. P.; Certo, S. C. **Administração estratégica**: planejamento e implantação da estratégia. 2. ed. São Paulo: Pearson, 2005.

Rossetti, J. P. **Introdução à economia**. 20. ed. São Paulo: Atlas, 2003.

Solomom, M. R. **O comportamento do consumidor**: comprando, possuindo e sendo. 7. ed. São Paulo: Bookman, 2008.

Souza, A.; Clemente, A. **Gestão de custos**: aplicações operacionais e estratégicas. São Paulo: Atlas, 2007.

Souza, A.; Cruz, J. A. W. Classificando custos fixos e variáveis por meio de métodos estatísticos. **Revista Mineira de Contabilidade**, v. 34, p. 22-30, 2009.

Respostas

Capítulo 1

Questões para revisão

1. Entre as principais variáveis a serem consideradas na formação do preço de venda de produtos e serviços, algumas merecem fundamental atenção. Essas variáveis são:

   - **Variáveis econômicas** – Representam os principais aspectos da economia relacionados à maioria dos produtos e serviços. Por exemplo: relação de oferta e demanda, câmbio, entre outros.

   - **Variáveis de custos** – Representam a estrutura de custos e despesas vinculada aos produtos e serviços. Vale lembrar que entre os mais variados métodos de mensuração de custos, o método de custeio direto é considerado o mais adequado, pois apresenta em sua estrutura todos os gastos variáveis (custos e despesas) vinculados aos diversos produtos e serviços do *mix* da empresa, além das respectivas margens de contribuição e pontos de equilíbrio.

   - **Variáveis mercadológicas** – Representam os principais aspectos da análise concorrencial, bem como dos clientes, vinculados aos produtos e aos serviços a serem precificados. Vale ressaltar que as variáveis mercadológicas são consideradas de grande impacto no processo de precificação.

- **Variáveis societárias e tributárias** – As variáveis societárias e tributárias decorrem da análise da estrutura das empresas e das pessoas envolvidas no processo de industrialização, beneficiamento, montagem, intermediação e consumo, abrangendo toda a cadeia logística dos produtos e serviços a serem precificados.

2. Além do pleno entendimento e da análise das características dos produtos e serviços e suas respectivas variáveis (econômica, de custos, mercadológica, societária e tributária), devemos considerar o posicionamento estratégico da empresa em suas perspectivas de médio e longo prazo, pois, eventualmente, as tentações do ganho no curto prazo decorrentes de determinada ação podem não estar diretamente relacionadas com a missão, a visão e os objetivos da empresa. Nesse sentido, ressaltamos a importância do entendimento estratégico da organização no estabelecimento dos preços de seus produtos e serviços.

3. a

4. b

5. d

6. d

7. d

Capítulo 2

Questões para revisão

1. Alguns aspectos são: a existência de produtos substitutos, por gerar alternativas ao consumidor em caso de pequenas mudanças no preço; a representatividade do gasto com o produto na renda disponível do consumidor, pois tende a deixar o consumidor mais atento a variações no preço desse produto; e a importância do produto para o consumidor, pois, quanto mais importante, mais inelástica será a demanda.

2. Uma empresa para a qual as exportações têm grande participação no faturamento. Quando ocorre a valorização cambial, há a redução imediata de preços de venda e, por conseguinte, da margem de lucro. Isso pode levar a uma redução do investimento e do comprometimento do desenvolvimento tecnológico e produtivo da empresa. O contrário é verdadeiro quando a empresa tem uma dependência maior de importações.

3. Com relação ao papel dos juros na economia, tem-se que a elevação da taxa de juros reduz o investimento e, também, o consumo de produtos que exigem aporte maior de recursos, como imóveis, automóveis, eletrodomésticos, entre outros recursos chamados de *bens duráveis*. Isso ocorre porque acaba pesando ainda mais na renda do consumidor, já que na formação de preço esses aspectos precisam ser levados em consideração.

4. c

5. c

6. c, d

Capítulo 3

Questões para revisão

1. No processo de precificação de um produto ou serviço, a margem de contribuição é considerada um indicador de desempenho do produto, devendo ter sua resultante positiva. Dessa forma, o preço de venda deve apresentar-se acima dos gastos variáveis para que o produto ou o serviço mostre uma contribuição efetiva para o resultado positivo da empresa. Sendo assim, podemos afirmar que a margem de contribuição nula é o limite mínimo dos preços a serem praticados.

2. O método de custeio direto se apresenta como uma importante ferramenta de análise e formação de preços, pois a sua contribuição se mostra, principalmente, na forma estrutural de classificação de gastos e nas evidências voltadas à gestão do *mix* (gastos variáveis), em separado da estrutura da empresa (gastos fixos).

3. c

4. b

5. c

6. a

7. b

Capítulo 4

Questões para revisão

1. São variáveis que podem se alterar de acordo com alguns aspectos relacionados aos produtos e aos serviços em questão, porém acabam incidindo de alguma forma sobre eles. Sendo assim, é bastante importante a identificação e a análise dessas variáveis, pois, de acordo com suas características e sua importância, sua influência impacta diretamente na formação dos seus preços.

2. Cliente, fornecedor, organização e concorrentes.

3. Não é correto, visto que cada empresa se relaciona de um modo determinado com seus ambientes e, portanto, sofre de diferentes maneiras e intensidades a influência das variáveis e de seus componentes.

4. Verificar, de acordo com o que foi apresentado no Capítulo 4, as variáveis e os seus componentes e relacioná-los com as características da empresa em que você atua para que possa realizar uma análise.

5. A relação é direta, pois todas as variáveis são interdependentes, sendo que não é possível chegar a uma boa formação de preços sem que se faça uma análise de todas elas e de seus diversos componentes.

6. a

    Justificativa: As variáveis mercadológicas são conectadas, pois são elas que formam as condições de interação com os ambientes em que as organizações atuam. Não há uma variável isolada, pois são interdependentes, apesar de que, dependendo da organização e do mercado, uma pode ter mais influência do que outra, mas todas estão sempre conectadas.

7. c

8. d

9. b

10. c

Capítulo 5

Questões para revisão

1. Entre os principais impactos das variáveis societárias e tributárias na formação de preços de venda, temos o alinhamento estratégico das empresas em suas transações comerciais, visto que as empresas procuram observar o custo efetivo das transações e percebem os benefícios fiscais como uma importante variável de tomada de decisão, o que leva ao mercado uma nova perspectiva. Essa nova perspectiva da empresa passa a analisar os preços de vendas, os custos de transportes, entre outros, além da localização estadual de seus fornecedores e seus respectivos enquadramentos tributários.

2. Regime do Lucro Real, regime do Lucro Presumido e regime do Simples Nacional.

3. Entre os principais desafios relacionados às variáveis societárias e tributárias de preços que devem ser observados, três apresentam-se de especial relevância:

    a) Identificar a estrutura societária e tributária de fornecedores e clientes.

    b) Identificar os benefícios apresentados pelos estados e pelo Distrito Federal com relação aos tributos de esfera estadual.

    c) Compreender que a concorrência em preços entre relações comerciais (empresas *versus* empresas) corresponde a uma importante variável de precificação.

4. a

5. b

6. c

Comentários sobre os estudos de caso

Capítulo 2

O estudo de caso da empresa Delinha e sua gestão do câmbio

A empresa Delinha trabalha com exportação de sucos de laranja. Nesse contexto, seus principais clientes encontram-se nos seguintes mercados: Estados Unidos, Brasil e Europa. Assim, observe a seguir os dados gerais das transações comerciais para cada um dos países:

Origem: Brasil.

Destinos: Brasil, Europa e Estados Unidos.

Custo do suco de laranja (litro) no Brasil: R$ 1,00.

Valor de venda no mercado interno: R$ 1,23.

Valor de venda no mercado europeu: € 1,01.

Valor de venda no mercado norte-americano: US$ 1,18.

Taxas de câmbio:

Euro: R$ 2,52

Dólar: R$ 1,78

Observação: Para fins didáticos, não será considerado o custo de diferenças tributárias e de logística para esse caso.

Após a apresentação geral dos dados, veja o contexto específico das operações com cada um dos mercados:

Mercado interno (Brasil versus **Brasil)**: Aqui, é necessário observar a relação de receitas, despesas e custos, verificando se a receita gerada é maior do que os custos e as despesas da venda no mercado interno.

Custo por litro de suco de laranja no Brasil: R$ 1,00.

Preço de venda sugerido: R$ 1,23.

Expectativa de margem de contribuição por litro de suco de laranja: R$ 0,23.

Mercado norte-americano (Brasil versus **Estados Unidos)**: Nesse caso, é necessário observar a relação de receita e gastos, além da influência da taxa de câmbio.

Custo por litro de suco de laranja em reais: R$ 1,00.

Custo por litro de suco de laranja em dólares: US$ 0,57 (1,00/1,78).

Preço de venda em dólares sugerido: US$ 1,18.

Expectativa de margem de contribuição por litro de suco de laranja (em dólares): US$ 0,61 (1,18 – 0,57).

Expectativa de margem de contribuição por litro de suco de laranja (em reais): R$ 1,08 (0,61 1,78).

Mercado europeu (Brasil versus **Europa)**: Assim como no mercado norte-americano, nesse caso é necessário observar a relação de receita e gastos, além da influência da taxa de câmbio.

Custo por litro de suco de laranja em reais: R$ 1,00.

Custo por litro de suco de laranja em euros: € 0,40 (1,00/2,52).

Preço de venda em euros sugerido: € 1,01.

Expectativa de margem de contribuição por litro de suco de laranja (em euros): € 0,61 (1,01 – 0,40).

Expectativa de margem de contribuição por litro de suco de laranja (em reais): R$ 1,53 (0,61 2,52).

Quadro comparativo:

	Brasil	EUA	Europa
Custo por litro de suco de laranja em reais	R$ 1,00	R$ 1,00	R$ 1,00

(continua)

	Brasil	EUA	Europa
Custo por litro de suco de laranja na moeda estrangeira	–	US$ 0,57	€ 0,40
Preço de venda	R$ 1,23	US$ 1,18	€ 1,01
Margem de contribuição em moeda estrangeira	–	US$ 0,61	€ 0,61
Margem de contribuição em reais	R$ 0,23	R$ 1,08	R$ 1,53

Análise gerencial:

Ao observarmos a comparação entre as possibilidades de venda nos mercados propostos, percebemos que além da margem de contribuição unitária (apresentada no Capítulo 3) e dos diferentes preços de venda, o conhecimento dos fatores de câmbio levam os gestores à identificação dos melhores mercados a serem operacionalizados. Nesse sentido, percebemos uma nova variável: o custo de oportunidade, que leva os gestores à identificação dos preços de venda e das margens de contribuição sob uma perspectiva comparativa. Os gestores de preço procuram identificar o melhor mercado, tendo em vista o retorno e o risco financeiros, cuja gestão deve estar relacionada constantemente às pressões de mercado (análise de concorrência e clientes), às pressões tributárias (análise societária e tributária), às pressões de custos (análise de estrutura e produto) e, por fim, à análise econômica (relação da oferta, da demanda, do câmbio, entre outros).

Capítulo 3

A empresa Lorita

1. Calcule o resultado da empresa no período:

DRE – Custeio direto						
	A	B	C	D	E	TOTAL
Receitas	R$ 100.700,00	R$ 536.900,00	R$ 234.500,00	R$ 26.550,00	R$ 36.015,00	R$ 934.665,00
(-) CV	R$ 32.110,00	R$ 160.524,00	R$ 86.800,00	R$ 16.038,00	R$ 24.318,00	R$ 319.790,00
(-) DV	R$ 969,00	R$ 5.369,00	R$ 2.250,00	R$ 540,00	R$ 598,50	R$ 9.726,50
(=) MC	R$ 67.621,00	R$ 371.007,00	R$ 145.450,00	R$ 9.972,00	R$ 11.098,50	R$ 605.148,50
(-) GF						R$ 15.300,00
(=) Resultado						R$ 589.848,50

2. Calcule a margem de contribuição unitária de cada produto:

Margem de contribuição unitária					
	A	B	C	D	E
Margem de contribuição total	R$ 67.621,00	R$ 371.007,00	R$ 145.450,00	R$ 9.972,00	R$ 11.098,50
Quantidade vendida	1900	9100	5000	900	1050
(=) Margem de contribuição unitária	R$ 35,59	R$ 40,77	R$ 29,09	R$ 11,08	R$ 10,57

3. Identifique qual é o melhor produto da empresa:

   B

   Justificativa: O melhor produto da empresa, sob o aspecto financeiro, é o produto B, pois sua margem de contribuição é mais elevada se comparada aos demais (R$ 40,77). Embora o produto exista há muito tempo no mercado, continua a ser o "carro chefe" da empresa e, provavelmente, apresenta uma imagem segura e tradicional.

4. Identifique qual é o pior produto da empresa:

   D

   Justificativa: Embora a margem de contribuição não seja a menor do *mix* (R$ 11,08), o produto D já se encontra há 5 anos no mercado e não apresenta uma aparente competitividade em relação aos seus concorrentes. Já o produto E, embora apresente a menor margem de contribuição (R$ 10,57), é um produto novo no mercado, com uma participação inicial bastante interessante e representativa.

5. Sob as perspectivas de custos, complete as lacunas a seguir com o preço de venda mínimo que pode ser praticado por cada um dos produtos, para que estes apresentem uma margem positiva de contribuição. Justifique sua resposta.

   a) A = R$ 17,41

   Justificativa: O preço mínimo a ser praticado na comercialização do produto A deve ser de R$ 17,41, pois trata-se do montante necessário para o pagamento dos gastos variáveis do produto. Embora sua contribuição para o pagamento da estrutura da empresa se apresente nula, pode ser uma alternativa para responder às pressões mercadológicas, entre outras.

b) B = R$ 18,23

Justificativa: O preço mínimo a ser praticado na comercialização do produto B deve ser de R$ 18,23, pois, assim como o produto A, trata-se do montante necessário para o pagamento dos gastos variáveis do produto. Embora sua contribuição para o pagamento da estrutura da empresa se apresente nula, pode ser uma alternativa para responder às pressões mercadológicas, entre outras.

c) C = R$ 17,81

Justificativa: O preço mínimo a ser praticado na comercialização do produto C deve ser de R$ 17,81, pois, assim como os produtos A e B, trata-se do montante necessário para o pagamento dos gastos variáveis do produto. Embora sua contribuição para o pagamento da estrutura da empresa se apresente nula, pode ser uma alternativa para responder às pressões mercadológicas, entre outras.

d) D = R$ 18,42

Justificativa: O preço mínimo a ser praticado na comercialização do produto D deve ser de R$ 18,42, pois, assim como os produtos A, B e C, trata-se do montante necessário para o pagamento dos gastos variáveis do produto. Embora sua contribuição para o pagamento da estrutura da empresa se apresente nula, pode ser uma alternativa para responder às pressões mercadológicas, entre outras.

e) E = R$ 23,73

Justificativa: O preço mínimo a ser praticado na comercialização do produto E deve ser de R$ 23,73, pois, assim como os demais produtos, trata-se do montante necessário para o pagamento dos gastos variáveis do produto. Embora sua contribuição para o pagamento da estrutura da empresa se apresente nula, pode ser uma alternativa para responder às pressões mercadológicas, entre outras.

Capítulo 4

A empresa Moreninha

1. Com base na história de crescimento e de sucesso da empresa Moreninha, assinale a alternativa que apresenta as variáveis mercadológicas que influenciaram na formação de preço dos produtos da empresa. Justifique sua resposta.

    e) Cliente e organização.

    Justificativa: De acordo com a possível análise a ser feita do caso apresentado, as principais variáveis influenciadoras no preço são: cliente (pois foi por meio da observação de seus costumes que surgiu a oportunidade de expansão do negócio) e organização (pois, por meio de uma estratégia informal, foi possível perceber as oportunidades e a relevância de uma característica bastante importante para o empreendimento de sucesso: a coragem para novos investimentos. Além disso, ao perceber que na empresa não havia a *expertise* necessária para ampliar o negócio, buscou-se a capacitação dos funcionários para que pudessem executar as suas atividades de forma competente).

2. Analisando o estudo de caso descrito neste capítulo, quais os componentes da variável cliente que mais influenciaram na formação de preços dos produtos da empresa?

    d) Econômico, social, tendências e acessibilidade.

3. No caso descrito da empresa Moreninha, foi importante a capacitação de todos os funcionários da empresa? Justifique sua resposta.

    Justificativa: Sim, foi importante, pois uma empresa que passa por um crescimento acelerado, como no caso da Moreninha, necessita desenvolver em seus colaboradores competências que, por vezes, não eram necessárias anteriormente. Além disso, quando a empresa decidiu que passaria a atuar com outros produtos, foi preciso que os integrantes da empresa fossem treinados para essa atuação.

4. No caso descrito, foi importante a percepção do ambiente geral? Justifique sua resposta.

Justificativa: Sim, foi importante, pois foi por meio da observação desse ambiente que as oportunidades foram percebidas e, assim, novos produtos puderam ser desenvolvidos e novas formas de relacionamento com os clientes puderam ser implementadas.

5. Conforme o estudo de caso apresentado, em relação à organização, quais componentes dessa variável você levaria em consideração na sua análise de mercado?

Em relação ao ambiente geral, devem ser considerados os componentes informações e confiabilidade. Já em relação ao ambiente operacional, deve ser analisada a influência do componente logística. Quanto ao ambiente interno, deve ser feita a análise dos componentes políticas de recursos humanos, estratégia, estrutura organizacional, inovação e criatividade e, também, comunicação.

Capítulo 5

A empresa Igorlhes e Froes

1. Considerando que os custos de transporte e de seguros foram equivalentes em ambos os fornecedores (Tati e Tamini) e observando os dados apresentados no caso, qual das duas transações comerciais foi a mais favorável para a empresa Igorlhes e Froes? Por quê?

    Dados da primeira transação comercial:

    Empresa fornecedora: Tati.

    Estado de domicílio: Bahia.

    - Valor da compra: R$ 10 mil.
    - Crédito de ICMS do Estado da Bahia para o Estado do Rio Grande do Sul: 17%[1].
    - Aproveitamento tributário de ICMS entre as empresas: 100%.
    - Valor do aproveitamento tributário: R$ 1.700,00.
    - Custo efetivo dos insumos adquiridos: R$ 8.300,00.

    Dados da segunda transação comercial:

    Empresa fornecedora: Tamini.

    Estado de domicílio: Tocantins.

    - Valor da compra: R$ 9.700,00.

[1] Percentual meramente ilustrativo. Para situações específicas, é necessário consultar a legislação atualizada.

- Crédito de ICMS do Estado da Bahia para o Estado do Rio Grande do Sul: 12%[2].
- Aproveitamento tributário de ICMS entre as empresas: 100%.
- Valor do aproveitamento tributário: R$ 1.164,00.
- Custo efetivo dos insumos adquiridos: R$ 8.536,00.

Análise da viabilidade financeira:

Embora o preço de venda da Tamini (Tocantins) seja menor (R$ 9.700,00) do que os valores cobrados pela Tati (Bahia), esses valores possibilitam um aproveitamento tributário menor (12%), o que gera um custo efetivo maior (R$ 8.536,00) do que o da sua concorrente localizada no Estado da Bahia. Embora a Tati tenha um preço de venda maior (R$ 10 mil), a empresa apresenta um aproveitamento tributário maior (R$ 1.700,00), o que torna o seu custo efetivo menor (R$ 8.300,00), fazendo com que a viabilidade financeira da primeira transação (Bahia) se mostre mais favorável do que a viabilidade financeira da segunda transação (Tocantins).

2. Considerando que a transação cuja viabilidade financeira apresentou-se desfavorável para a Igorlhes e Froes não será repetida futuramente, qual o preço de venda que deve ser considerado pela empresa perdedora para que seus preços possam concorrer com igualdade nas transações com a Igorlhes e Froes?

Conforme a análise financeira apresentada anteriormente, a Tamini (Tocantins), embora tenha um preço de venda mais baixo do que seu concorrente, está perdendo mercado, pois o estado em que está localizada possibilita o aproveitamento de ICMS menor do que o do estado em que está localizada a empresa Tati (Bahia), gerando uma diferença de custo efetivo de R$ 226,00 (R$ 8.300,00 – R$ 8.526,00). Nesse sentido, a empresa Tamini deverá verificar a possibilidade de estabelecer práticas de preços menores do que R$ 9.431,82, que representaria um estado de igualdade efetivo nos preços, conforme apresentado a seguir:

Empresa	Preço de venda	ICMS	Crédito tributário	Custo efetivo
Tati (Bahia)	R$ 10.000,00	17%	R$ 1.700,00	R$ 8.300,00
Tamini (Tocantins)	R$ 9.431,82	12%	R$ 1.131,82	R$ 8.300,00

[2] Percentual meramente ilustrativo. Para situações específicas, é necessário consultar a legislação atualizada.

Sobre os autores

June Alisson Westarb Cruz é graduado em Ciências Contábeis pela Faculdade de Administração e Economia (FAE – Centro Universitário), pós-graduado em Contabilidade e Finanças pela Universidade Federal do Paraná (UFPR) e em Docência Universitária pela Fundação Getulio Vargas (FGV), mestre em Administração Estratégica pela Pontifícia Universidade Católica do Paraná (PUCPR) e doutorando em Administração Estratégica pela mesma instituição. Atualmente, é professor e coordenador da Escola de Negócios da PUCPR, associado da Business Management Consultoria e Auditoria, assessor da Província Marista Brasil Centro-Sul e professor do Grupo Educacional Uninter. É autor dos livros *Contabilidade introdutória descomplicada* (Editora Juruá), *Análise de demonstrações financeiras* (Editora Juruá), *Gestão de custos: perspectivas e funcionalidades* (Editora Ibpex), *Incrementando a estratégia: uma abordagem do balanced scorecard* (Editora Ibpex), *Planejamento estratégico orçamentário* (Editora Ibpex), *Planejamento orçamentário público* (Editora Ibpex), *Finanças pessoais* (Editora Ibpex) e *A união faz a força* (Editora Protexto), além de ser o organizador da obra *Redes sociais e organizacionais* (Editora Juruá).

Júlio Adriano Ferreira dos Reis é graduado em Administração de Empresas pela Fundação de Estudos Sociais do Paraná (Fesp), especialista em Economia Financeira pela PUCPR e em Dinâmica dos Grupos pela Sociedade Brasileira de Dinâmica dos Grupos (SBDG), mestre em Administração de Empresas pela PUCPR e doutorando pela mesma instituição. Atualmente, é professor dos cursos de graduação e especialização, na área de Estratégia e Gestão de Pessoas, da Escola de Negócios da PUCPR, e atua como consultor nas áreas de Gestão Humana e Empresarial pela El-Kouba Consultores Associados e pelo Instituto Superior de Administração (Isad). É autor do livro *Incrementando a estratégia: uma abordagem do balanced scorecard* (Editora Ibpex).

José Ivan de Paula Prohmann é graduado em Ciências Econômica e pós-graduado em Treinamento e Desenvolvimento, ambos os cursos pela Faculdade de Administração e Economia (FAE – Centro Universitário), além de mestre e doutor em Administração pela UFPR. Atualmente, é diretor do curso de Ciências Econômicas e professor da pós-graduação em Marketing, Planejamento e Gerenciamento Estratégico da PUCPR.

Paulo Sergio Miguel é graduado em Ciências Contábeis e pós-graduado em Auditoria e em Contabilidade Gerencial pela FAE – Centro Universitário, além de mestre em Educação pela PUCPR. Atualmente, é diretor do curso de Ciências Contábeis, coordenador do curso de pós-graduação em Auditoria e Perícia, professor das pós-graduações em Marketing, Auditoria e Perícia; Controladoria e Finanças; Planejamento e Gerenciamento Estratégico, da PUCPR. É também palestrante e profissional autônomo nas áreas de Gestão de Custos, Gestão Financeira, Contábil e Perícia, além de auditor independente.